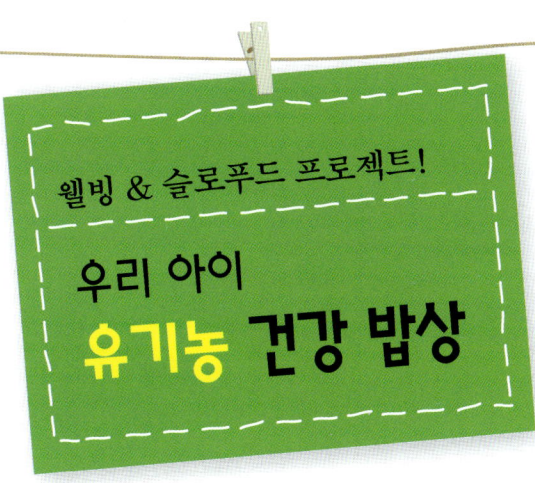

웰빙 & 슬로푸드 프로젝트!

우리 아이
유기농 건강 밥상

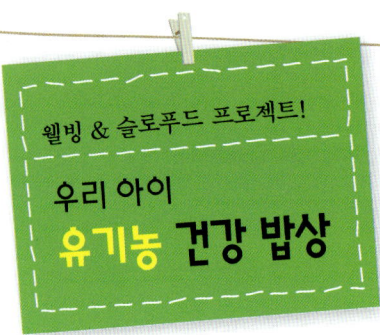

웰빙 & 슬로푸드 프로젝트!
우리 아이
유기농 건강 밥상

2007년 10월 30일 초판 1쇄 인쇄
2007년 11월 5일 초판 1쇄 발행

지은이 | 서고은
펴낸이 | 이종춘
펴낸곳 | 성안당.com
주소 | 경기도 파주시 교하읍 문발리 출판문화정보산업단지 536-3
전화 | 031-955-0511
팩스 | 031-955-0510
등록 | 1973. 2.1. 제13-12호
홈페이지 | www.cyber.co.kr
내용문의 | cookcook23@naver.com

ISBN 978-89-315-7265-0(13590)
정가 12,000원

만든이

책임·진행 | 홍현정
기획·진행 | 앤미디어
본문 디자인 | 앤미디어
표지 디자인 | 앤미디어
제작 | 구본철
출력 | 이펙

Copyright ⓒ 2007 by Sungandang Company All rights reserved.
First edition Printed 2007, Printed in Korea.

이 책의 어느 부분도 저작권자나 성안당.com 발행인의 승인 문서 없이 일부 또는 전부를 사진 복사나 디스크 복사 및 기타 정보 재생
시스템을 비롯하여 현재 알려지거나 향후 발명될 어떤 전기적, 기계적 또는 다른 수단을 통해 복사, 재생하거나 이용할 수 없음.

머리말

결혼 초에는 맛있는 음식을 만들기 위해 온갖 노력을 하였습니다. 아이가 태어난 이후에는 맛보다 가족의 건강을 먼저 생각하게 되었습니다. 딸이 중학생이 된 지금, 아이가 아프면 혹시 내가 뭘 잘못해서 그런 건 아닌지 생각하게 되는 것은 아마 모든 엄마들의 마음일 것입니다.

음식을 만든다는 것은 하나에 하나를 더해 둘이 되는 것이 아니라 백이 될 수도 있고, 아니면 마이너스가 될 수도 있는 것이라고 생각합니다. 어떤 재료를 사용하고 또 어떤 조리 방법을 이용하느냐에 따라 그 음식을 먹는 아이에게 돌아갈 영향은 클 것입니다.

책을 엮어가면서도 끊임없이 어떤 재료가 아이에게 더 좋을지 고민했지만 아직은 많이 부족하다는 생각이 듭니다. 아마 이것은 모든 엄마들이 고민해야 하는 숙제가 아닐까 생각합니다.

원고를 쓰는 동안 늘 옆에서 맛있다고 용기를 주던 딸 혜준이와 묵묵히 도와준 남편에게 고맙고 사랑한다는 말을 하고 싶습니다. 그리고 항상 도움을 준 앤미디어 김남권 실장님과 유경민 님, 사진 촬영에 참여해 주신 박혜찬 님에게도 감사의 말씀을 전합니다. 마지막으로, 책 만든다고 며느리, 딸 노릇 제대로 하지 못해도 큰 아량으로 이해해주신 시부모님과 부모님의 건강하심을 기원하며 진심으로 감사드립니다.

저자 서고은

우리 아이를 위한 소중한 음식이야기
- Slow Cooking이 주는 큰 선물, 건강!!

초보 엄마였던 때는 패스트푸드점의 어린이 세트 장난감을 원하는 아이를 위해 한동안 감자튀김을 먹였던 기억과 밥반찬은 햄이면 충분할 거라는 안이한 생각을 했던 때가 있었지요. 때로는 양심의 가책을 느끼며 '한 번인데 어때?' 하며 먹였던 첨가물덩어리 음식들이 지금은 거대한 해일이 되어 우리 아이에게 영향을 미친다고 생각하니 가슴이 서늘해집니다.

지금도 내가 게을러지면 아이의 건강에 위협이 될지도 모른다는 생각으로 쉽고 빠르게가 아닌, 천천히 처음부터 준비하는 음식을 만들려고 노력하고 있습니다. 그래서 다음과 같이 아이를 위한 음식 만들기에 나름의 규칙을 세웠답니다.

● **제철에 나온 재료로 음식 만들기**
제철에 나온 야채나 과일은 그 계절만의 충분한 영양을 공급해 주고, 다른 비료나 인공적인 요소가 덜 들어가 건강에는 더 좋아요.

● **음식 재료는 믿을 수 있는 곳에서 만든 것으로 구입하기**
저는 주로 두레생협연합에서 구입하지만, 그곳만을 고집하지는 않아요. 유통기한이 정확하고, 어떻게 만드는지, 위생적인 환경인지 한번 더 생각하려고 해요. 김을 만들 때도 염산을 들이 붓는다고 하니, 아이를 위해 한번 더 생각하자구요!!

● **구입한 재료는 깨끗이 다듬어서 정리하여 냉장고에 넣기**

힘이 들더라도 냉장고를 세균의 온상으로 만들지 않기 위해 깨끗이 씻어 하나하나 넣도록 해요. 유통과정이나 생산과정에서 묻혀올 수 있는 세균이나 곰팡이를 바로 냉장고에 넣지 않고 싱크대에서 깨끗이 씻으면 기분도 상쾌하고 우리 가족을 위해서도 좋아요. 특히 달걀은 구입 즉시 흐르는 물에 깨끗이 씻은 후 냉장고에 넣어주세요.

● **인공감미료나 첨가물이 들어 있는지 확인하고 구입하기**
맛을 내기 위해 인공감미료에 의지하지 말고 조금 힘들더라고 기본에 충실하자는 생각으로 다시마, 멸치, 닭고기 육수, 쇠고기 육수, 조개 등으로 감칠맛을 내도록 해요.

● 다양한 음식재료 사용해서 만들기

항상 먹던 재료가 아닌 새로운 것을 사서 만들면 부족했던 영양분도 보충할 수 있고, 아이에게도 다양한 식재료를 접하게 해 교육의 효과도 얻을 수 있어요. 토요일마다 서는 우리 동네 장터에서 저와 제 딸은 신기한 해산물과 제철 야채, 과일을 보며 자연공부를 하곤 해요. 안 먹어 본 것은 손이 쉽게 가지 않지만 아이를 위해 과감히 용기 내어 구입하면 그 효과는 상상 외로 클테니까요.

● 간은 약하고 순하게 자극적이지 않게 하되 다양한 맛을 내는 허브를 사용해서 음식 만들기

맵고 짠 자극적인 음식에 어릴 때부터 입맛이 길들여지게 되면 맛을 느끼는 혀의 감각들이 마비되어서 그것보다 약한 맛에는 반응하지 않게 된답니다. 하지만 아이의 두뇌 발달에는 맛을 느끼는 미각도 아주 중요해요. 3세 이전에 여러 가지 맛에 노출이 되어야 뇌가 기억한다고 해요. 그래서 자극적이진 않지만 향신료를 사용하면 다양한 맛을 경험할 수 있어요. 허브, 즉 향신료들은 대부분 약용식물이랍니다. 음식의 맛을 높이기도 하고 세균의 발생을 억제시킨다고 해요. 처음에 사용할 때는 무슨 맛인지 모르고 꺼리게 되지만, 쓰다 보면 익숙해지게 된답니다.

● 요리할 때 아이 참여시키기

완성된 음식을 주는 것이 아니라 아이가 어릴 때는 재료 정리나 준비도 같이 하고, 생선도 보여주고, 간단한 것은 같이 만들기도 했어요. 물론 아이와 같이 하면 뒷정리가 장난이 아닌지라 엄마가 힘든 것은 사실이지만, 그래야 아이가 자기가 먹는 음식에 대한 이해와 또 먹고 싶다는 욕구를 갖게 돼요. 아이가 작은 손을 오물거리며 음식을 만들 때 아이의 생각도 쑥쑥 커진답니다.

● 녹색 야채 같이 중금속을 해독할 음식 같이 먹기

영양가 높은 음식을 만들어도 몸 안에 축적된 중금속이 흡수를 방해한다면 곤란하겠죠. 그런 중금속을 해독하기 위해서는 엽록소가 들은 야채 같은 것을 먹어야 해요. 아토피의 원인 중에 중금속의 영향도 크다고 하니까요. 녹차, 달걀, 김, 양배추, 양파, 숙주나물, 녹두, 미나리, 돼지고기, 마늘 등이 좋다고 해요.

● 즐겁게 먹기

먹을 때는 잔소리를 하지 않고 좋은 소리만 하려고 노력해요. 가뜩이나 아이도 스트레스가 많을텐데 식사시간에 잔소리를 하면 서로에게 안 좋겠죠. 또 먹는 거로 스트레스를 주지 않도록 해요. 너무 유기농만 찾으면서 못 먹는 식품을 많이 정해 놓으면 아이가 받을 정서적인 스트레스도 심해서 부작용이 있을테니까요. 차근차근 설명해 주면서 차츰 줄이는 차선책을 찾는 것이 좋을 것 같아요.

우리 아이 건강 식단

	아침 식전	아침
월요일	마를 갈아 넣은 우유(또는 두유)	감자 수프, 단호박 찐 것, 달걀 반숙, 사과
화요일	비트를 넣은 사과 주스	보리 수프, 달걀 오믈렛, 자몽
수요일	마(바나나)와 우유(두유) 간 음료	치킨 누들 수프, 진밥, 김치, 토마토나 사과
목요일	토마토, 셀러리를 간 음료	모시조개 순두부, 조밥, 멸치볶음, 김치
금요일	자몽 즙 낸 것	쥬키니 호박 수프, 포카치아, 사과

- 아침 식전 – 비트와 토마토 간 것
- 아침 – 연어 감자 케이크, 버섯 수프, 복숭아나 키위
- 점심 – 피자, 치킨 샐러드
- 간식 – 라이스 푸딩, 사과
- 저녁 – 미니 단호박 영양밥, 아귀 소스 무침, 열무김치
- 토요일 저녁 디저트 – 호두 파이

점심	간식(오후3시경)	저녁
날치알 돼지고기말이 잡곡밥, 김치 시금치나물	미니 단호박 푸딩	전갱이 구이, 잡곡밥, 김치, 냉이 된장국
스테이크, 매시 포테이토, 브로콜리 샐러드, 깍두기	라이스 크로켓, 우유	잡곡밥, 연어 구이, 아스파라거스, 김치
닭봉찜, 애호박나물, 도토리묵, 김치, 현미찰밥	치즈와 과일을 얹은 바게트, 과일 주스	아귀 덮밥, 물김치
알밥, 양송이말이 구이, 일본된장국, 깍두기	미니 단호박 치즈 케이크, 콩물	코코넛 카레, 밥, 동치미
오향돼지 보쌈, 김치, 잡곡밥, 양상추 쌈	토마토와 모짜렐라 치즈 샐러드, 매실물	삼치 호일구이, 콩밥, 마 구이(마를 잘라 올리브유에 익힌 것), 김치, 숙주나물

일요일

- 아침 식전 – 음료, 수삼과 우유(두유)
- 브런치(일요일 늦잠을 잤다면 브런치를 즐기는 것도 좋겠죠) – 크레페와 여러 소스(오렌지 소스와 초콜릿 소스), 과일 주스, 포치드 에그(Poached Eggs)와 홀랜다이즈 소스, 바게트나 식빵, 과일
- 늦은 점심 또는 간식 – 갈비탕, 조밥, 김치, 부추무침
- 저녁 – 치킨 티카, 밥, 요구르트 드레싱을 끼얹은 과일 샐러드

● 잠은 충분히 자야 해요

이제 막 잠에서 깨어난 아이에게 밥을 먹으라고 하면 잘 먹지 못해요. 먼저 일찍 자야 아침에 일어나기 쉬울텐데 말이죠. 이런 경우 일어났을 때 바로 건강 음료를 주면 위가 쉽게 적응을 해서 식욕을 돋게 해줍니다.

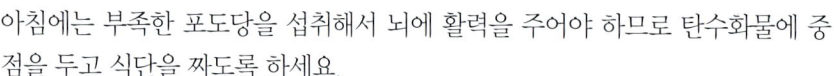

〈우리 아이 건강 식단〉은 예를 든 것이므로 식단을 작성할 때 참고하세요. 매일 매일 식단을 바꿔가며 식사하기란 여간 힘든 일이 아니니까요. 예를 들어 마를 하나 사면 보통 3인 가족 기준으로 3~4일은 갈아서 먹을 수 있어요. 그리고 나면 비트를 사서 3~4일 먹고 하는 식으로 번갈아 가면서 먹으면 충분한 영양을 골고루 섭취할 수 있어요. 바로 바로 만들어 먹는 것이 좋답니다.

국이나 찌개는 하루에 다 먹을 만큼의 분량만 만드세요. 아이의 식단은 모든 식품군이 적절히 들어갔는지를 염두에 두고 만들면 영양제를 따로 먹일 필요는 없을 거에요. 냉장고에 메모지를 붙여두고 일주일 단위로 무엇을 먹었는지 적다 보면 우리 아이에게 필요한 것이 무엇인지 쉽게 알 수 있어요.

● 아침은 황제처럼 먹어요

아침은 항상 든든하게 먹는 것이 좋다고 하죠? 황제처럼 먹으라는 말이 있잖아요. 아이가 아침 식사에 적응이 안 돼서 힘들어 해도 계속 먹이다 보면, 습관이 들게 된답니다.

아침에는 부족한 포도당을 섭취해서 뇌에 활력을 주어야 하므로 탄수화물에 중점을 두고 식단을 짜도록 하세요.

● 점심도 밥으로 먹어요

점심도 되도록 밥을 먹는 것이 좋습니다. 아이의 성장을 위해 단백질 위주로 식단을 짜고 든든히 먹게 해주세요. 영양이 가득한 간식을 점심 식사 후 3시간 정도 지나 먹게 하면, 저녁 식사 전에 배가 고파 과자로 배를 채워 저녁을 거르고 밤에 또 야식을 하게 되는 악순환을 없앨 수 있어요.

● 저녁은 단백질 위주로 섭취하세요

저녁은 위에 부담을 주지 않고 좋은 단백질을 섭취할 수 있도록 생선을 위주로 해서 식단을 짜는 것이 좋아요. 저녁 후의 달콤한 디저트는 일주일에 한 번 정도 토요일에 주도록 하세요.

미리 준비하면 요리가 즐거워져요

꼭 갖추어야 할 기본 도구와 재료들을 소개합니다. 요즘은 마트에서도 쉽게 구입할 수 있어요. 비싼 향신료들도 있지만 한번 구입하면 오랫동안 사용할 수 있는 재료들이니 편리하게 사용할 수 있답니다.

기본 도구

쿠킹 타이머

음식을 불에 올려 놓고 태울 염려가 없어요. 맞춰둔 시간이 되면 소리로 알려 주기 때문에 달걀 반숙 만들 때 아주 좋아요.

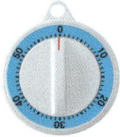 

채칼

과일, 야채나 치즈를 가늘고 길쭉하게 채를 칠 때 사용하면 편리해요.

으깨기

감자나 고구마, 호박 등을 으깰 때 아주 유용하게 사용할 수 있어요.

강판

소량의 야채를 갈 때 사용하면 아주 편리해요.

레몬 짜개

레몬이나 오렌지, 자몽 등의 즙을 짤 때 씨나 알갱이를 걸러줘요.

요리붓

기름을 칠하거나 양념을 바를 때 꼭 필요해요. 실리콘으로 만든 붓도 나와 있어요. 털이 빠지지 않아 안심하고 사용할 수 있어요.

 ▲ 실리콘으로 만든 붓    ▲ 천연모로 만든 붓

계량컵

유리로 된 계량컵이 여러 모로 쓸모가 있어 편리하게 사용할 수 있어요. 사진의 계량컵은 250ml가 1컵인 서양식 기준 계량컵이에요.

저울

재료의 분량을 잴 때 필요하죠. 특히 빵과 과자를 만들 때 꼭 있어야 해요.

냉동용 저장용기

소스나 육수는 미리 만들어서 저장해야 하는데, 그때 사용할 저장용 지퍼백이에요. 보통 지퍼락에서 나온 냉동용 지퍼백이나 안전성 면에서 안심이 안 된다면 모유 저장팩을 사용하세요. 세워서 얼릴 수 있어서 편리해요. 한 컵 정도의 분량을 담을 수 있어요.

▲ 냉동용 지퍼백
(중형과 대형이 있어요.)

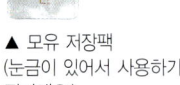
▲ 모유 저장팩
(눈금이 있어서 사용하기 편리해요.)

전기 거품기 (핸드 믹서)

소스나, 케이크, 디저트를 만들 때나 머랭을 만들 때 꼭 필요한 기구에요. 힘들게 거품을 내지 않아도 되므로 편리하게 사용할 수 있어요. 한번 구입하면 오래도록 유용하게 사용할 수 있답니다.

믹서나 핸드 블렌더

재료를 갈거나 섞을 때 사용하면 아주 편리해요. 핸드 블렌더는 특히 수프 요리 만들 때 편리하게 사용할 수 있어요.

준비되어 있으면 편리한 기본 식재료

요리할 때 기본적으로 있어야 할 재료들이에요. 가족의 건강을 위해 되도록 신선하고 자연 그대로를 담은 것들을 사용해 보도록 해요.

엑스트라버진 올리브유

올리브를 압착해서 짠 엑스트라버진 올리브유는 올리브 특유의 맛과 향이 있어요. 가격은 비싸지만 샐러드나 파스타, 소스에 주로 사용해요. 암 예방에 효과가 있다고 하죠. 단 발연점이 다른 기름보다 낮아 튀김용이나 높은 온도에서 조리할 경우 냄새가 나므로 조리용 올리브 오일을 따로 사용해야 합니다.

퓨어 올리브유

조리용으로 알맞은 올리브유로, 한국 전통 방식으로 부치거나 굽는 요리 또는 튀김 요리 등에 잘 어울려요. 발연점이 엑스트라버진 올리브유보다 높아 조리에 사용해도 기름이 타거나 산패되지 않아요.

포도씨유

발연점이 일반 식용유보다 높고, 기름 특유의 느끼한 맛과 향이 적어서 튀김용으로 아주 좋아요. 또한 필수지방산 또한 풍부하답니다.

마스코바도 설탕

필리핀에서 오래 전부터 전해 오는 전통 방식으로 가공한 흑설탕으로, 정제하지 않아 영양이 그대로 살아 있어요. 색이 진하고 일정하지가 않은데, 이것은 색깔을 일정하게 유지하기 위한 첨가제를 넣지 않았기 때문이죠. 화학 처리 없이 포장한 것이라 더 안심하고 먹을 수 있어요. 기능성 당 같은 올리고당은 사용하지 마세요. 열량은 낮지만 인공적인 정제당이고 아직은 논란이 많은 공산품이므로, 아이를 위해서는 전통 방식 그대로의 천연설탕을 먹이도록 하세요.

조청

무농약 유기농 쌀과 엿기름으로 만든 조청이에요. 방부제, 화학 첨가물이 들어가지 않아 쌀 조청 고유의 맛이 살아 있어요. 찜이나 조림, 무침, 강정 등 다양한 요리에 사용할 수 있어요.

밀가루 (통밀가루, 백밀가루)

통밀은 밀알의 가장자리만 조금 벗겨내 가루를 낸 것으로, 거칠지만 섬유질이 풍부하여 소화가 잘 되며 구수한 맛이 있어요. 표백처리와 약품 처리를 하지 않아 안심하고 먹을 수 있으며, 백밀가루는 통밀보다 도정을 더 해서 부드러워요.

연근가루

음식에 개어 넣으면 점성이 좋아져서 걸쭉해지고, 영양가도 높일 수 있어요. 아이들 이유식, 수프, 부침 등의 각종 요리에 넣으면 좋아요.

후추

후추는 사용할 때마다 통후추를 갈아서 사용하는 것이 가장 좋아요. 통후추를 사서 그라인더가 달린 용기에 담아 쓰면 편해요. 흑후추와 흰 후추를 준비하세요.

- 흑 후추 – 열매가 붉은색일 때 수확해서 말린 것으로 가장 향이 강해요.
- 흰 후추 – 열매가 완전히 성숙한 후 수확한 것으로 향이 순해요.
- 녹색 후추 – 열매가 성숙되기 전에 수확한 것으로 과일향이 나고 흑 후추보다 덜 강해요.
- 분홍 후추 – 남아메리카에서 재배되는 것으로 향이 좋고 가볍게 톡 쏘는 맛이 있어요.

▲ 흑 후추　　▲ 흰 후추　　▲ 녹색과 분홍색이 섞여 있는 후추

토마토, 토마토 푸레, 토마토 캔

토마토는 소스에서부터 수프, 샐러드까지 다양한 용도로 사용된답니다. 되도록이면 신선한 토마토를 항상 준비해 두세요.

▲ 토마토를 여러 시간 끓인 후 농축시킨 것이에요.
▲ 껍질을 벗긴 후 토마토 주스와 함께 포장한 것으로, 토마토를 이용한 모든 요리에 사용할 수 있어요.

기본 채소

대파, 마늘, 생강, 셀러리, 감자, 양파가 있으면 좋아요. 대파는 손질해서 냉동해 놓고 사용하면 버리는 일은 없을 거에요. 셀러리 역시 먹기 쉽게 손질해서 냉동해 놓으세요. 생강은 껍질을 깨끗이 제거하고 편으로 잘라서 펼쳐 놓은 채 냉동해 두면 쓸 때 편리하답니다. 마늘은 종류별로 다진 것, 편으로 자른 것, 통마늘로 구분해서 냉동하면 편리해요.

버터

음식에 사용했을 때 풍미가 좋고 소화율도 높아요. 버터에는 비타민 A가 풍부하며, 소금 첨가 유무에 따라 무염 버터와 가염 버터가 있는데 음식을 조리할 때는 무염 버터를 사용하는 것이 좋아요. 중성지방 덩어리인 마가린은 절대로 사용하지 마세요.

치즈

에멘탈 치즈, 모짜렐라 치즈, 파마산 치즈는 냉장 보관이 가능하므로 준비해 두면 쉽게 요리할 수 있어 편해요.

▲ 에멘탈 치즈
▲ 모짜렐라 치즈
▲ 파마산 치즈(가루로 된 것이에요.)

홀그레인 디종 머스터드 (Whole Grain Dijon Mustard)

프랑스산 겨자 소스에요. 갈색의 겨자씨앗과 노란색이 어울려 톡 쏘는 맛이 그만이죠. 고기나 생선 소스에 두루 사용해요.

로즈마리 (Rosemary)

톡 쏘는 맛과 강한 향이 있어, 고기나 생선을 절이거나 샐러드, 토마토소스를 만들 때 사용해요. 작은 화분으로 만들어져서 많이 판매되고 있으니 부엌에 두고 필요할 때마다 뜯어서 사용하면 좋아요.

▲ 로즈마리 화분
▲ 건조 로즈마리

바질 (Basil)

줄기를 주로 사용하고 향이 좋아 인기 있는 향신료에요. 주로 토마토 요리나 스파게티 소스, 야채, 달걀 요리에 사용해요.

월계수 잎 (Bay Leaves)

스튜나 수프, 고깃국물, 피클을 만들 때 사용해요. 너무 많이 넣으면 쓴맛이 나므로 주의해서 사용하세요.

정향 (Clove)

'손톱 모양의 양념'이라고 불리는 정향은 모든 향료 중 가장 톡 쏘는 얼얼한 맛이 일품이에요. 피클, 절임, 고기, 생선 요리에 주로 사용해요.

타임(Thyme)

백리향이라고도 하며 생선과 조개류, 고기 요리에 사용해요.

넛맥(Nutmeg)

육두구 열매의 심으로, 달콤하고 강력한 향이 우유, 달걀, 치즈가 들어간 요리에 적당해요.

요리용 술

청주, 화이트 와인, 레드 와인을 준비하세요. 비싸지 않은 중저가의 드라이한 맛의 술이면 적당해요.

바닐라 빈과 바닐라 에센스

열대난초인 바닐라 열매인 바닐라 빈과 거기서 추출한 에센스에요. 단맛은 없지만 음식의 달콤함을 더해줘서 초콜릿, 아이스크림, 케이크 등에 향신료로 많이 사용해요. 천연향신료인 바닐라 에센스는 최고의 재료로 달걀 비린내 등의 잡냄새를 없애줘요.

▲ 세로 방향으로 껍질에 살짝 칼집을 내고 안쪽의 씨를 긁어내서 껍질과 같이 사용하세요. 또는 설탕에 재워두었다가 바닐라 설탕으로 사용해도 좋아요.

▲ 바닐라 에센스

카레 가루

12가지 이상의 혼합 향신료가 들어 있어요. 카레 정통의 맛과 향을 나타내는 순식물성 향신료에요.

강황가루

강황의 노란색이 바로 커큐민이라는 것인데, 이것이 카레의 주원료로 TV에 많이 보도된 것처럼 암 예방에 좋다고 해요. 부침, 튀김, 고기 양념 등에 아주 조금 넣어 사용하면 좋아요. 너무 많이 넣지는 마세요.

▲ 강황가루   ▲ 생강황

굴소스

굴을 발효시킨 중국 소스인데, 요즘은 굴 추출물의 함량을 높이고 첨가제를 안 쓴 국산이 많이 나와 있어요.

소스, 딥, 샐러드 드레싱

우리 아이가 아토피, 알레르기 비염, 천식 등이 더 심해지고 있는 이유는 맛을 내기 위한 식품 첨가물 때문이에요. 장을 볼 때 유통기한과 원산지만 대충 확인하지 첨가물이나 농약의 유무까지 확인하기는 쉽지 않은 게 현실이지요. 또한 건강을 위해 재료를 구입해서 직접 요리를 하지만 양념은 구입한 소스나 양념장으로 하게 되죠. 인스턴트 첨가물 속에는 화학조미료 MSG(L-글루타민산나트륨)가 들어 있어 아이의 입맛을 바꾸고 길들여져 건강에도 악영향을 주게 됩니다. 그래서 인공조미료가 아닌 천연양념으로 건강 밥상을 차리는 것이 중요합니다.

모든 음식의 기본 육수 만들기

찌개를 끓여도 제 맛이 나지 않아 조미료에 손이 가곤 할 때, 이때 필요한 것이 바로 육수에요. 하지만 미리 만들어 두지 않으면 인공조미료에 쉽게 의지하게 되죠.
2~3주에 한 번씩 육수를 만들어 놓으면 요리하기도 편하고 조미료 없이 최고의 맛을 낼 수 있답니다.

국 요리할때 사용할 육수 내기

재료 물 2L, 무 ½개, 양파 중간 크기 4개, 대파 3대, 통마늘 5쪽, 다시마(사방 10cm) 1개, 다시멸치 30마리(팬에 기름을 두르지 않은 채 볶거나 레인지에 40초 정도 데워 비린내를 날려 보내면 좋아요.)

만들기 재료를 모두 냄비에 넣고 약한 불에서 2시간 정도 끓인(중간에 다시마는 미리 건져 놓으세요.) 다음 불을 끄고 진간장 2Ts을 넣고 내용물은 모두 건져낸 다음 식혀서 1~2컵 분량으로 나누어 날짜를 쓰고 냉동고에 보관하세요.

응용요리 된장찌개, 야채를 이용한 국

닭고기 육수 만들기

재료 닭 한 마리 1kg(껍질을 벗겨서 사용하세요.), 당근 1개, 셀러리 1대, 양파 1개, 대파 2대, 월계수잎 1장, 소금 ½ts, 통후추 10알, 물 2L

만들기 모든 재료를 냄비에 넣고 끓으면 아주 약한 불에서 뚜껑을 닫고 2시간 정도 뭉근히 끓여주세요. 끓인 다음 차갑게 식혀 천에 받쳐서 기름과 건더기를 걸러내고 1~2컵 분량으로 나눠 냉동하세요. 아니면 닭 뼈만을 발라서 육수를 내도 돼요. 대신 위 재료의 분량을 반 정도로 줄여 넣고 만들어야 해요.

응용요리 닭고기 육수가 들어가는 수프나 칼국수, 소스에 사용하세요.

쇠고기 육수 만들기

재료 쇠고기 800g(다리살), 당근 2개, 셀러리 2대, 양파 2개, 대파 2대, 월계수잎 1개, 소금 ½ts, 통후추 10알, 물 2L

만들기 재료를 모두 냄비에 넣고 중불에서 끓이다 끓기 시작하면 바로 불을 아주 약하게 줄여 뚜껑을 닫고 4시간 동안 뭉근히 끓여주세요. 깨끗한 천에 받쳐 걸러낸 육수는 식혀서 기름을 제거하고 1~2컵 분량으로 나눠서 냉동 보관하세요.

응용요리 쇠고기 육수가 들어가는 수프나 된장찌개, 국수, 소스 등에 사용하면 좋아요. 한식 요리에 주로 쓸 경우에는 셀러리와 월계수잎을 빼고 만드세요.

소스 만들기

소스는 요리 만들 때 꼭 필요한 것은 아니지만 있으면 음식을 더 돋보이게 하고 맛도 훨씬 좋게 만들어준답니다. 주재료의 조리는 간단한 찜이나 구이로 하고 소스로 마무리하면 아주 근사한 요리가 될 거에요.

루(Roux) 만들기

소스의 되직함과 색을 결정하는 데 아주 중요한 역할을 하지요. 같은 양의 버터와 밀가루(백밀가루)를 소스 팬에 넣고 볶은 것이 '루'에요. 볶는 시간에 따라 색이 달라져 소스의 종류를 결정하는 데 아주 중요하죠. 4~5분 정도 볶으면 흰색이 그대로 살아나 흰살 생선에 주로 사용하고, 15분 이상 볶으면 갈색이 되어 고기 요리에 사용하면 진한 맛을 낼 수 있어요. 루는 잘 볶아서 어느 정도 식힌 다음에 우유나 육수를 넣어야 덩어리가 지지 않고 잘 풀어져요.

고기 요리에 같이 먹으면 좋은 소스들

주로 갈색이 나는 소스들로 스테이크나 삶은 고기 위에 얹어 먹으면 고기도 연해지고 고기의 맛도 더 좋게 해줘요.

● 데미글라스 소스
쇠고기 육수 2컵, 토마토 페이스트 2Ts와 와인 4Ts, 월계수잎 1장, 타임 조금, 마늘 ½을 소스팬에 넣고 끓인 다음 갈색의 루(버터 2Ts, 밀가루 2Ts)를 넣어 농도를 맞춰주면 돼요. 진한 육수의 감칠맛이 고기를 더 맛있게 해준답니다.

● 느타리버섯 소스

버터 5g에 다진 양파 ½개를 볶다가 버섯(80g)을 넣고 같이 볶은 다음에 데미글라스 소스 400ml와 생크림 2Ts를 넣고 끓이다가 소금, 후춧가루로 간을 하세요. 버섯의 영양까지 더해진 영양 만점의 소스랍니다.

● 양파 소스

다진 마늘 ½ts와 얇게 썬 양파 1개를 버터 10g으로 볶다가 백포도주와 데미글라스 소스를 넣고 월계수잎과 소금, 후춧가루를 넣어 뭉근히 끓여주세요. 양파의 단맛과 소스가 아주 잘 어울려요.

닭고기용 소스

로스트 치킨이나 찐 닭 가슴살, 구운 닭에 뿌려 먹으면 돼요.

● 닭 벨루테 소스

루(버터 30g, 밀가루 30g)를 4~5분간 흰색이 유지되게 볶다가 닭고기 육수 2컵을 넣고 잘 풀어 되직하게 만든 다음 소금과 흰 후춧가루로 간을 하면 돼요. 담백하면서도 고소한 맛이 요리의 맛을 한층 살려줍니다.

● 닭 슈프림 소스

닭 벨루테 소스 2컵에 생크림 50ml, 레몬즙 ½ts, 버터 10g을 넣고 윤기가 나도록 저어가며 끓여주세요(간은 소금과 흰 후춧가루로 마지막 단계에서 해주세요). 풍부한 크림 맛을 느낄 수 있을 거에요.

생선용 소스

주로 흰살 생선 위에 뿌려 먹는데, 흰살 생선을 기름에 튀기지 않고 찌거나 구워 담백하게 요리해서 소스를 뿌려 먹으면 좋아요.

● 오렌지(귤) 소스

루(버터 20g, 밀가루 20g)를 4~5분 정도 흰색이 유지되게 볶다가 물 100ml를 부어 잘 풀어주고 오렌지나 귤즙 100ml, 레몬즙 1ts, 화이트 와인 1ts을 넣고 잘 섞은 다음 소금과 흰 후춧가루로 간을 해주세요. 상큼한 오렌지 향이 입맛을 돋아줍니다.

파스타나 익힌 야채에 어울리는 소스

그라탕을 하거나 라자냐를 할 때 꼭 들어가야 할 소스에요. 우유가 들어가는 소스랍니다.

● 베샤멜 소스
버터 30g에 양파 다진 것 ½개를 넣고 볶다가 밀가루 30g을 넣고 볶은 다음 데운 우유 2컵을 서서히 부어가면서 잘 풀어주세요. 흰색이 유지되게 볶아야 해요. 약한 불에서 월계수잎과 넛맥을 아주 조금(엄지와 검지로 집을 수 있을 만큼) 넣고 소금으로 간을 하세요.
● 까르보나라 스파게티를 만들 때는 베샤멜 소스에 달걀 노른자와 치즈, 생크림, 화이트 와인을 넣어주세요(65쪽 참고).

마요네즈 소스 만들기

샐러드를 할 때 기본이 되는 소스인 만큼 시중에도 많은 종류가 나와 있어 쉽게 사먹을 수 있지만 만들기도 간단하니까 집에서 만들어보도록 해요.

● 기본 마요네즈 만들기
달걀 노른자 큰 것 1개, 레몬즙 1Ts, 디종겨자 1ts(홀그레인머스터드도 좋아요), 소금과 후춧가루를 넣고 거품기나 핸드 블렌더, 믹서기를 이용해 섞다가 포도씨유 300ml를 아주 조금씩 넣으면서 계속 저어주면 탄탄한 탄력이 있는 마요네즈가 완성이 돼요. 기름을 한꺼번에 부으면 분리되어 잘 만들어지지 않으니 반드시 조금씩 넣어야 돼요.

● 핑크 마요네즈
비트를 즙을 내어 소스 팬에서 데우다가 녹말물을 넣고 되직하게 만든 것 1Ts을 마요네즈 200ml와 섞으면 돼요.

● 그린 마요네즈
시금치와 파슬리를 믹서로 즙을 내 소스 팬에서 데우다가 녹말물을 넣고 되직하게 만든 것 1Ts을 마요네즈 200ml와 섞으면 돼요.

● 겨자 마요네즈
기본 마요네즈 3Ts에 디종겨자(홀머스터드) 1ts를 넣고 섞으면 돼요.

토마토소스

이탈리아 요리에서 많이 사용되는 소스로, 피자나 파스타에 주로 사용하죠. 볶음밥을 만들 때도 아주 좋아요.

- 피자 소스(73쪽 참고)
- 볼로네즈 소스(62쪽 참고)

고기 재울 때 사용하는 양념 소스

- 데리야끼 소스
물 1컵, 진간장 1컵, 설탕 1컵, 오렌지 2개(귤은 3개), 통마늘 5쪽, 사과 ½개를 센 불에서 10분 정도 끓인 다음 양이 반으로 줄 때까지 약한 불에서 졸이세요. 완성된 소스는 식혀 냉장고에 보관하고 닭고기나 돼지고기, 쇠고기 재울 때 사용하세요.

- 스테이크 소스(115쪽 참고)

그 외 매운맛 소스

- 칠리 소스
소스 팬에 물과 설탕, 육수를 넣고 끓여서 반으로 졸인 다음 홍고추 4개, 식초 8Ts, 오레가노 ½ts, 레몬즙, 200ml, 다진 마늘 1Ts, 생강 ½ts, 소금 조금을 넣고 믹서로 걸쭉하게 갈아주세요. 매콤하면서도 달콤해 아이들이 좋아해요. 어묵을 볶을 때도 이 소스만 넣고 만들면 맛있어요.

- 살사 소스
다진 토마토 2개(4등분해서 씨는 제거하세요.), 다진 양파 작은 것 ½개, 다진 홍고추나 청고추 작은 것 1개와 레몬 ½개(즙 낸 것), 코리안더 으깬 것 ½ts, 오레가노 ½ts, 소금, 후춧가루를 잘 섞어주면 살사 소스 완성! 멕시코 요리나 샌드위치에 넣어서 먹으면 좋아요.

디저트 소스

● **바닐라 소스**

달걀 노른자 3개와 가루 설탕 40g을 잘 섞은 후 우유 50ml와 생크림 100ml, 바닐라 에센스 ½ts를 넣고 중탕하세요. 농도는 천천히 흘러내리는 정도로 해주세요.

● **초콜릿 소스**

카카오 함량 80% 초콜릿, 물 200ml, 설탕 45g, 바닐라 에센스 조금이나 바닐라빈 ½개를 준비하세요. 소스 팬에 물과 설탕을 넣어 시럽을 만들고 잘게 부순 초콜릿을 넣고 끓이면서 녹여주세요. 바닐라빈은 물과 함께 처음부터 넣고 끓이다가 꺼내고 에센스는 마지막에 넣으세요. 크레페나 아이스크림, 파이 등에 뿌려 먹으면 좋아요.

● **딸기 소스**

딸기 250g(물 50ml와 함께 믹서에 간 후 체에 걸러주세요), 화이트 와인 30ml, 레몬 ¼(즙 낸 것), 설탕 20g을 소스 팬에 넣고 약하게 끓이면서 졸여주세요. 약간 흐르는 정도의 농도면 돼요. 아이스크림이나 카스테라에 뿌려 먹으면 좋아요.

● **사과 소스**

사과 1개(껍질과 씨를 제거하고 갈아 놓으세요.), 설탕 15g, 계피가루 ½ts, 버터 10g, 소금 조금을 준비하세요. 소스 팬에 넣고 뭉근히 끓인 다음 체에 받쳐서 사용하세요. 플레인 요구르트에 얹어 먹거나 빵과 같이 먹으면 좋아요.

● **오렌지 소스**

오렌지즙 200ml, 설탕 20g, 레몬 ½개(즙 낸 것), 전분 6g, 브랜디 ½ts을 준비하세요. 소스 팬에 오렌지즙, 설탕을 넣고 끓이다가 전분을 두 배의 물에 개어 놓은 것을 넣고 되직하게 만드세요. 여기에 레몬즙과 브랜디를 넣고 잘 섞으면 돼요. 크레페와 같이 먹으면 좋아요.

딥(dip)

딥은 빵이나 생야채 또는 고기 등을 먹을 때 직접 찍어 먹으면 좋아요.

버터크림 딥

버터 100g에 가루설탕 ½컵을 넣고 설탕이 완전히 섞이도록 거품기로 강하게 돌려준 다음 풀어놓은 달걀 흰자 1개를 조금씩 넣어 가면서 계속 저어주세요. 아주 부드럽고 달콤해서 따뜻한 빵과 잘 어울려요.

깨 딥

볶은 깨 ½컵, 크림치즈 120g, 간장 1Ts, 다진 양파 1Ts, 생강즙 ½ts, 식초 ½ts, 사우어 크림 ½컵을 잘 섞어서 야채를 찍어 먹으면 좋아요.

참치 딥

기름을 쪽 뺀 참치(참치 캔) 100g, 마늘 1쪽, 케이퍼 1Ts, 레몬즙 2ts, 화이트 와인 1ts을 믹서에 넣고 간 다음 소금과 후춧가루로 간을 해주세요. 마지막으로 생크림 2Ts을 넣고 섞으세요. 식빵이나 채소를 찍어 먹으면 좋아요.

땅콩간장

간장 1.5Ts, 식초 2Ts, 설탕 1ts, 땅콩 간 것 1ts을 모두 그릇에 넣고 잘 섞어 샤브샤브 고기를 찍어 먹으면 좋아요.

요구르트 딥

요구르트 1컵, 파슬리 다진 것 ½ts, 레몬즙 1ts, 올리브유 ½ts, 코리안더 으깬 것 조금, 소금, 후춧가루를 넣고 잘 섞어주세요. 당근이나 브로콜리를 찍어 먹으면 좋아요.

드레싱

샐러드에 뿌려 먹는 드레싱이에요.

요구르트 드레싱

요구르트 15g, 레몬즙 2Ts, 포도씨유 1Ts, 소금, 후춧가루를 넣고 섞어주세요. 토마토, 오이, 양상추가 들어간 샐러드에 잘 어울려요.

사우전드아일랜드 드레싱

마요네즈 200ml, 다진 양파 ½개, 다진 달콤한 피클(양파 다진 것의 반 정도), 다진 셀러리 1Ts, 레몬즙 1ts, 다진 올리브 3개, 화이트 와인 1ts, 다진 홍피망 1Ts, 삶은 달걀 ½개 다진 것을 잘 섞고 소금과 흰 후춧가루로 간하세요. 식빵에 넣어 먹어도 맛있어요. 다진 양파와 피클이 수많은 섬처럼 보인다고 해서 thousand island dressing이라고 한답니다.

치즈 드레싱

크림치즈 50g, 요구르트 50g, 레몬즙 1½Ts을 잘 섞고 소금, 후춧가루로 간하세요. 당근, 무순, 냉이 같은 강한 채소에 잘 어울려요.

견과류 마요네즈 드레싱

마요네즈 200ml, 다진 잣 ½ts, 다진 피스타치오 ½ts을 섞은 다음 소금과 흰 후춧가루로 간하세요. 과일 샐러드에 뿌려 먹으면 좋아요.

자몽 드레싱

자몽 1개(즙 낸 것), 홀그레인머스터드 1~2Ts, 다진 마늘 1쪽, 올리브유 4Ts, 소금, 후춧가루로 간하세요. 가지, 호박, 오징어, 해산물 샐러드와 잘 어울려요.

잣 드레싱

크림치즈 100ml, 우유 100ml, 잣 2Ts을 넣고 믹서에 간 다음 소금과 흰 후춧가루로 간하세요. 익힌 브로콜리나 당근, 감자에 뿌려 먹으면 좋아요.

복잡한 식품 분량 재기 완전정복!!

분량 재기가 복잡한 이유는 서로 사용하는 단위가 다르기 때문이기도 하고, 사용되는 계량컵과 계량스푼이 서양에서 발달된 것이기 때문에 조리법에 따라 재는 방법이 다르게 표현되었기 때문이에요. 서양에서는 1컵이 250ml지만, 중국, 일본, 한국은 200ml가 1컵이에요. 요리책을 보기 전에 어떤 계량컵을 사용하는지 아는 것도 아주 중요해요. 저는 250ml가 1컵인 계량컵을 사용했어요.

분량을 재는 이유는 식품의 낭비를 막을 수 있고, 제빵에 있어서는 정확한 분량을 재어야 실패하지 않기 때문이에요. 또한 한 번에 적당한 양을 먹게 되어 건강에도 좋답니다.

야채나, 고기, 밀가루 등의 무게 재기

무게는 요리용 저울을 사용하고 단위는 g을 써요. 밀가루는 계량컵보다는 저울을 사용하는 것이 더 정확해요. 계량컵으로 잴 때는 약간의 오차가 있을 수 있어요. 밀가루를 계량컵으로 잴 때는 항상 체에 받친 다음에 분량을 재도록 해요.

- 1kg = 1000g

우유나 육수 등 액체의 분량 재기

액체는 부피를 재는 것이기 때문에 주로 계량컵을 사용해요.
액체의 부피 단위는 주로 ml(milli liter)를 쓰고 가끔 cc(cubic centimeter)를 쓰기도 하는데, cc는 ml와 같은 양이에요. cc는 부피의 표현이고 액체를 잴 때는 ml를 주로 사용해요.

- 1000ml = 1000cc = 1L

서양에서 1컵은 250ml로 정해져 있어요. 1컵 = 16Ts이고, 왼쪽 사진의 파이렉스 계량컵의 경우 $\frac{1}{4}$, $\frac{1}{2}$, $\frac{2}{3}$, $\frac{3}{4}$으로 눈금이 표시되어 있어요. 저는 이 컵을 가지고 분량을 잰 것이므로 참고하세요.

한국은 10진법으로 개량할 때 계량컵도 이 법에 따라 1컵을 200ml로 정했지만, 계량스푼은 계량되지 않아서 사용하지 않아요. 그래서 1컵은 16Ts가 아니에요.

적은 분량의 액체나 가루 부피 재기

계량스푼은 주로 1Ts, 1ts, ½ts, ¼ts의 4개가 1세트로 되어 있어요. Ts는 Tablespoon의 약자이고 ts는 teaspoon의 약자에요. Tablespoon은 양식기의 수프 스푼 정도의 크기이기 때문에 한식의 밥숟가락보다 더 큽니다.

가끔 어떤 요리책에서 oz를 사용하기도 하는데, oz는 온스(ounce)가 무게 단위로 쓰일 때 사용하는 기호랍니다.

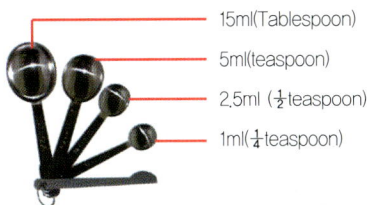
- 15ml(Tablespoon)
- 5ml(teaspoon)
- 2.5ml (½ teaspoon)
- 1ml (¼ teaspoon)

- 1oz = 28.35g
- 8oz = 1cup(250ml) = 226.8g

재료구입은?

재료를 구입할 때는 신선도는 물론이고 가능한 한 농약과 방부 처리 등과 같은 약품 처리가 안 된 것을 구입하는 것이 중요해요. 저는 주로 아래의 상점에서 물건을 구입하고 있어요.

- www.dre.coop/shop 두레생협연합 – 협동조합의 회원으로 가입을 해야 물건을 구입할 수 있어요. 각 동네마다 오프라인 매장이 있답니다. 생산 인증이 되어 있고, 소비자가 감시하는 체계인 만큼, 믿고 구입할 수 있어 좋아요. 저 역시 밀가루나 연근가루, 고기, 야채 등 대부분의 재료는 여기서 구입하고 나머지 향신료는 아래의 구입처에서 구입하고 있어요.
- 이마트 – 향신료나 치즈, 올리브유 등 대부분의 재료를 구입할 수 있어요.
- 현대백화점 지하의 수입식품 코너 – 올리브유와 디종겨자 등을 구입할 수 있어요.

그 밖의 구입하기 힘든 치즈나 바닐라 빈 같은 천연향료들과 기구들은 인터넷으로 구입할 수 있어요. 아래 사이트에서 가격을 비교해 보고 구입하세요.

- 엔 쿡(www.n-cook.co.kr) – 여러 나라의 식재료를 구입할 수 있어요.
- 재팬푸드(www.japanfoodmall.com) – 일본 식재료를 구입할 수 있어요.
- SP월드((www.spworld.co.kr) – 다양한 나라의 식재료를 구입할 수 있어요. 다양한 치즈가 구비되어 있어요.
- 오이시(www.52sii-page.com) – 일본 백간장과 같은 일본 수입식품과 타코기구를 구입할 수 있어요.
- 타코하우스샵(shop.tacohouse.co.kr) – 멕시코 요리에 필요한 또띠아나 타코셀을 구입할 수 있어요.
- 케이크프라자(www.cakeplaza.co.kr) – 천연향료나 바닐라 빈 제과제빵과 관련된 기구 등을 구입할 수 있어요.
- 이베이커리(www.ehomebakery.com) – 제과제빵과 관련된 재료를 구입할 수 있어요.
- 레드베어(red-bear.co.kr) – 주방기구를 구입할 수 있어요.
- g마켓(www.gmarket.co.kr) – 모유 저장팩 같은 기구들을 구입할 수 있어요.

이 책의 순서

1.
영양 가득 아이의 일품요리와 반찬 28

집에서도 쉽게 만드는 인도 음식 **치킨 티카**(Tika)	18
꼭꼭 숨어라! 날치알 보일라 **날치알 돼지고기말이**	19
명태와 새우가 듬뿍! **생선살 튀김**	20
아이들과 손님놀이에 제격! **새송이말이 꼬치**	21
바다가재보다 더 맛있는 **아귀 꼬치구이**	22
카레향 속에 상큼한 소스의 어우러짐, **아귀 소스 무침**	23

30	01 녹색이 듬뿍! 여름에 제격인 태국식 **그린 카레**
33	02 둥글게 둥글게~ **라이스 크로켓**
36	03 연근가루를 섞어 더 맛있는 **아귀 덮밥**
38	04 열대의 맛을 식탁에 **코코넛 카레**
40	05 입안에서 알이 톡톡!! 소리로 먹는 **알밥**
42	06 중국식 **새우 볶음밥**
44	07 크기는 미니, 맛은 슈퍼급 **미니 단호박 영양밥**
46	08 여덟 가지 진귀한 재료가 가득 **팔보채 덮밥**
48	09 돌돌 말아 먹는 샌드위치? 재미있는 멕시코 요리 **또띠아**(Tortilla)
52	10 네 가지 색깔의 토마토 소스 **콘킬리에**(Conchiglie)
54	11 녹색 야채로 입맛 돋우는 **부추잡채**
57	12 대구살을 곁들인 **에그 누들 볶음**
61	13 스파게티의 기본! **볼로네즈 스파게티**
64	14 부드러운 크림 소스에 버섯이 퐁당 **까르보나라**
67	15 오동통해 더 맛있는 중국 만두 **포자**
71	16 칼로리 걱정 No!! **이탈리아 피자**
75	17 신선함이 가득! 프레시~ **모짜렐라 치즈 피자**
77	
80	
82	
84	
87	
90	

현미밥과 같이 먹는 달콤 상큼 **치킨볼** 24	92
밥이 술술!! 입맛 돋우는 **대합구이** 25	95

2.
우리 아이 성장을 위한 고기와 생선요리 98

100	26 통겨자를 바른 특별한 **쇠고기 요리**
103	27 몸이 허할 때 영양 듬뿍! **갈비탕**
105	28 뜯는 맛이 일품인 **베이비 립**
107	29 쑥쑥 크는 우리 아이 건강 보양식 **로스트 치킨**
109	30 찜 요리로 승부한다!! **닭봉찜**
111	31 토마토 소스가 듬뿍 **햄버거 스테이크**
114	32 패밀리 레스토랑보다 더 맛있는 **등심 스테이크**
117	33 다섯 가지 향이 환상적인 **오향 돼지보쌈**
119	34 달콤한 프룬의 풍미가 가득한 소스의 **닭고기 밀쌈말이**
120	35 가오리야 홍어야? 아니 더 맛있는 **케이퍼 소스의 간재미**
122	36 비린내 없이 담백하게 즐기는 **삼치 호일 구이**
125	37 레몬향이 상큼한 **고등어 구이**
127	38 오메가3의 보고 **연어 호일 구이**
128	39 아스파라거스를 곁들인 **연어 구이**
130	40 종이 호일을 이용한 **전갱이 구이**
132	41 참깨로 더욱 고소한 **연어 감자 스테이크**
135	42 복어탕 만큼 시원한 **아귀 맑은탕**

부드러워서 더욱 맛있는 **매시 포테이토** 43	138
먹으면 먹을수록 감칠 맛 나는 **난(Naan)** 44	140
통밀가루로 만들어 섬유질이 풍부한 **차파티(Chapati)** 45	142
바삭 바삭 씹는 소리도 맛있는 **수프 마늘빵** 46	144
허브향 가득한 빵 **포카치아(Focaccia)** 47	146
바삭하고 맛있는 고소한 버터가 듬뿍 **마늘 파슬리 바게뜨** 48	149
밀가루가 들어가지 않은 **감자 수프** 49	150
버섯이 왕창 **버섯 수프** 50	153

3.
영양 보충 수프와 곁들이 음식, 사이드 디시 136

중화풍 쌀죽 **꽁쥬(Congee)** 51	155	
감기에는 바로 이것! **치킨 누들 수프** 52	158	
국물 맛이 진한 **쇠고기 보리 수프** 53	160	
그린색이 더욱 빛나는 **쥬키니 호박 수프** 54	162	
슈퍼 영양 덩어리!! **브로콜리 시금치 수프** 55	164	
찬밥으로 간단하게 **영양전복죽** 56	166	

4.
스트레스를 없애주는 간식, 디저트와 에피타이저 168

170	57	감기야 물렀거라!! **미니 단호박 과자**
173	58	못생겼지만 맛으로 승부 건 **우리밀 과일 도넛**
175	59	오븐 NO!! 베이킹 파우더 NO!! **찜통 카스테라**
178	60	부드러움이 몽글몽글 **바나나빵 푸딩**
181	61	울퉁불퉁해서 더 맛있는 **왕 슈크림**
185	62	입안에서 사르르 **마시멜로이야기**
188	63	입에서 사르르 부드러움이 가득 **간단 치즈 케이크**
191	64	맛도 좋고 머리도 좋아지는 **호두파이**
194	65	화려한 색깔의 **미니 단호박 치즈 케이크**
197	66	감자와 쇠고기의 멋진 만남 **감자 쇠고기 파이**
200	67	바삭함과 신선함이 그대로 **치킨 샐러드**
204	68	바삭한 바게트 위에 신선함이 가득 **바게트 에피타이저**
207	69	새우가 들어간 **타코야끼 만들기**
210	70	꼭꼭 숨어라! **미니 단호박 속 커스터드 푸딩**
212	71	다크 초콜릿의 진한 맛이 그대로 **핫 초콜릿**
214	72	상큼한 사과를 곁들인 **감자 구이**
216	73	초간단! 맛은 초일류! **토마토 모짜렐라 치즈 샐러드**
218	74	알코올은 날아가고 흑맥주의 구수함만 가득한 **퐁듀**
220	75	황금색으로 구워낸 **닭가슴살 샌드위치**
222	76	프랑스식 말이 **크레페**

cook & cook

- 태국식 돼지고기 꼬치구이 • 32
- 쌀로 만든 달콤한 라이스 푸딩 만들기 • 35
- 샤프란리조또 만들기 • 35
- 날치알 달걀말이 만들기 • 41
- 새우가 들어간 또띠아 만들기 • 51
- 꽃빵 만들기 • 56
- 닭가슴살 에그 누들 볶음 만들기 • 60
- 모시조개 스파게티 만들기 • 63
- 홍합 손질법 • 66
- 우유에 알레르기가 있는 아이를 위해 콩을 이용한 까르보나라 만들기 • 66
- 홍합 스파게티 만들기 • 66
- 중국식 부추 물만두 만들기 • 70
- 명란 피자 만들기 • 76
- 에그 피자 만들기 • 76
- 간단 카레 만들기 • 78
- 고소한 치킨 카레 만들기 • 79
- 집에 있는 버섯을 이용한 버섯 쇠고기 덮밥 만들기 • 86
- 아귀찜이나 생선매운탕을 할 때 필요한 양념장 만들기 • 89
- 남은 윗부분으로 아귀찜 만들기 • 89
- 지친 아빠를 위한 대합 구이 • 97
- 영양 가득 아이를 위한 대합죽 만들기 • 97
- 고기와 같이 먹을 간단 감자 그라탕 만들기 • 102
- 양파 다지기 • 112
- 스테이크 소스 만들기 • 115
- 간재미 매운탕(날개를 뺀 나머지 부분으로 만들어요.) • 121
- 남은 삼치, 팔각 간장으로 조림하기 • 124
- 전갱이 조림 만들기 • 131
- 연어 케이크와 같이 먹는 생크림 양파 소스 • 134
- 마늘 버터 만들기 • 145
- 포차르 에그(Poached Eggs) • 152
- 토마토 수프 만들기 • 152
- 우유로 타락죽 만들기 • 157
- 브로콜리 수프 만들기 • 165
- 늙은 호박 수프 만들기 • 167
- 바나나 스무디 만들기(1~2잔 분량) • 180
- 남은 달걀 흰자로 머랭 과자 만들기 • 182
- 자몽 젤리 만들기 • 187
- 오븐에서 굽지 않는 치즈 케이크 만들기 • 190
- 파이 반죽을 이용해 애플파이 만들기 • 193
- 격자무늬 만들기 • 193
- 감자경단 만들기 • 199
- 닭가슴살 말이 • 201
- 어른들을 위한 멕시칸식 핫 초콜릿 만들기 • 213
- 다양한 재료를 사용해 크레페 만들기 • 223
- 메이플 시럽 대신 초콜릿 소스를 뿌려 먹어요! • 223
- 달콤한 오렌지 소스와 함께 먹어요! • 223
- 오트밀이 들어간 통밀 쿠키 만들기 • 224
- 스폰지 케이크 만들기 • 224
- 폴리페놀이 풍부한 초콜릿 치즈 케이크 만들기 • 224

cook & info

- 태국 요리 알고 먹으면 더 맛있어요!! • 32
- 뚝배기에 내용물을 올릴 때는? • 41
- 냉동 보관 시 용기 선택은? • 50
- 냉장고에 보관하지 말고, 그늘지고 건조한 상온에서 보관해야 하는 것 • 59
- 명태의 다양한 이름들! • 60
- 넛맷이란? • 63
- 향신료를 구입할 수 있는 곳 • 63
- 표고 버섯 고르는 법 • 68
- 중국의 만두 • 70
- 아이의 건강을 위해 없애야 할 음식 재료들 • 73
- 가람 마살라 • 79
- 날치알 돼지고지말이 접시에 예쁘게 내기 • 81
- 술안주로는 이렇게! • 86
- 쉽게 양파 다지는 법 • 93
- 아이를 위해서는 닭의 어떤 부위를 요리하는 것이 좋을까요? • 94
- 닭봉에 많은 콜라겐은 우리 몸의 어디에 좋을까요? • 110
- 쇠고기의 장점과 단점 • 113
- 스테이크 잘 굽는 방법 • 116
- 두께가 2~2.5cm의 고기라면 중불에서 다음과 같이 시간을 조절하세요. • 116
- 신선한 삼치 고르기 • 124
- 생선을 통으로 오븐에서 요리할 때 걸리는 시간은? • 131
- 사람이 건강하게 살기 위한 슈퍼 푸드 14가지 • 134
- 서양요리에서 감자는? • 139
- 인도의 주식은? • 143
- 우리가 먹는 수프는 어떤 종류일까요! • 152
- 중국의 죽 • 157
- 애호박과 쥬키니 호박 • 163
- 어떤 오븐이 좋을까? • 172
- 종이 호일, 어떤 것이 좋을까? • 172
- 밀가루를 먹으면 속이 더부룩하고 소화가 잘 안 되는 이유는? • 177
- 제가 주로 사용하는 밀가루에요. • 177
- 꺼진 "슈" 다시 부풀리기 • 184
- 젤라틴과 한천, 어떻게 사용할까요? • 187
- 케이크 위에 장식할 설탕과자 만들기 • 196
- 우리가 먹는 치즈 그 정체는? • 199
- 오렌지와 자몽!! • 203
- 또 무엇을 올릴까? • 206
- 타코판 구입하기 • 209
- 타코 도구 • 209
- 궁합이 맞는 재료들 • 215

1. 영양 가득 아이의 일품요리와 반찬

일품요리 한 그릇에 단백질, 탄수화물, 지방, 무기질, 비타민 등의 영양분이 골고루 들어 있어요. 반찬 또한 모든 영양분이 골고루 들어 있어요. 일품요리라면 주로 탄수화물이 주가 되겠지만, 아이의 성장발육을 위해서 일품요리에도 모든 영양소가 들어가도록 만들어야 한답니다.

단백질이 풍부한 닭안심에 혈액을 깨끗이 하는 양파, 항암 효과가 큰 마늘이 들어 있어요.

01 녹색이 듬뿍! 여름에 제격인 태국식
그린 카레

태국음식에 다양한 향신료와 허브가 사용되는 이유는 더운 날씨 때문이라고 하더군요. 식중독의 위험과 땀으로 빠져나간 무기질이나 염분을 보충하기 위해서라는데, 입맛을 잃기 쉬운 여름철에 그린 카레를 만들어 봐요. 아이가 싫어하는 파, 양파, 고추같은 녹색 채소를 주재료로 만든 카레랍니다. 진한 야채의 맛은 코코넛 밀크로 잡아서 부드럽게 만들어 주면 독특한 이국의 맛을 느낄 수 있을 거에요.

재료 3인분

- 닭 안심 500g 큼직하게 썰어서 준비하세요.
- 대파 1대 매운 것이 싫다면 ½로 줄이세요.
- 양파 ½개
- 마늘 1쪽
- 생강 ½쪽 마늘 분량의 반만 넣어주세요.
- 홍고추 ½개 레드 파프리카가 있다면 대신 사용해도 좋아요.
- 파프리카 1개 녹색으로 준비하세요.
- 미나리 한줌 3~4줄기면 충분해요.
- 코리앤더 ¼ts 레몬향이 나는 향료에요. 갈아서 사용하세요.
- 소금 1ts | 후춧가루 조금 | 올리브유 3Ts | 코코넛 밀크 1컵
- 라임즙 2Ts 없을 경우 자몽주스나 레몬즙을 넣어주세요.
- 파슬리 조금

1. 재료들은 분량대로 준비하세요.

2. 야채들은 믹서에 갈기 전에 잘 갈리게 조각 내고 파프리카는 씨를 제거해 주세요.

3. 잘라놓은 야채를 모두 믹서에 넣고 갈아주세요.

미리 만들어서 24시간 재워 두면 맛이 더 부드럽고 매운맛도 수그러 들어요.

4. 믹서에 간 야채를 그릇에 담은 다음 올리브유를 섞어주세요.

5. 닭 안심은 3등분으로 잘라서 준비하세요.

6. 닭은 먼저 소금과 후춧가루를 넣고 노릇하게 기름에 볶아주세요.

(6)의 냄비에 갈아 놓은 야채를 닭과 같은 분량을 넣고 중불에서 끓여주세요.

코코넛 밀크를 넣고 저어주면서 중불에서 20분 정도 끓인 다음 소금으로 간해서 밥 위에 얹어 먹도록 해요.

갈아 놓은 야채가 남았다면 남은 닭을 재워 냉장고에 넣어 두었다가 (이틀 안에) 먹도록 해요.

cook & info

태국 요리 알고 먹으면 더 맛있어요!!

태국의 요리는 향료를 넣은 재료를 자유롭게 사용하고 독특한 맛을 지닌 것으로 유명하죠. 태국은 크게 북부, 중앙, 동북, 남부의 4개 식문화권으로 분류할 수 있어요. 치앙마이를 중심으로 한 북부는 소금을 많이 사용해요. 라오 문화권인 동북부는 북부와 함께 찹쌀이 주식이고요. 물고기로 담근 젓갈, 즉 휘시 소스를 조미료로 많이 사용해요. 방콕을 중심으로 한 중앙은 코코넛 밀크와 고추, 박하 등을 사용한 걸쭉한 요리가 많아요. 남부는 말레이시아 요리의 영향으로 향료를 많이 사용하는데 인도 요리에 가깝다고 할 수 있어요. 세계 어디서나 먹을 수 있는 태국 요리의 장점은 다양성인 것 같아요.

cook & cook

태국식 돼지고기 꼬치구이

재료 돼지고기는 살로 5cm×12cm *두께는 0.5~0.8cm, 10개 정도* | 간장 4Ts | 굴소스 4Ts | 다진 파 2Ts | 다진 생강 1ts | 마스코바도 설탕 2Ts

1. 그릇에 간장, 굴소스, 설탕, 다진 파, 생강을 넣고 잘 섞은 다음 돼지고기를 넣고 2시간 이상 재워주세요.
2. 꼬치에 양념에 재워둔 돼지고기를 꽂아 그릴에서 구워주세요. 굽다가 중간에 참기름을 발라주세요.

> 아이들 생일잔치에 일등 요리예요. 현미의 식이섬유는 맹독성 다이옥신(Dioxion)을 배설하는 힘이 가장 강하고, 현미의 피틴산은 유해한 방사성 물질이나 화학물질의 배설을 돕는다고 해요.

02 둥글게 둥글게~
라이스 크로켓

보통 '크로켓' 하면 감자로 만든 것을 생각하지만, 감자 대신 현미밥을 사용해서 만들면 색다른 맛을 느낄 수 있어요. 밥을 뭉친 다음에 그 속에 토마토 소스로 간을 한 쇠고기와 모짜렐라 치즈를 넣어 튀기면, 그 모양과 맛에 아이들이 반할 거예요.

| **재료** 3~4인분 | 현미밥 250g 현미는 물에 충분히 불린 다음 밥을 하세요.
토마토 페이스트 1Ts
토마토 피자 소스 1Ts
달걀 1개
파마산 치즈 2Ts
모짜렐라 치즈 120g | 쇠고기 다진 것 120g 지방을 제거하고 다져주세요.
양파 ½개 잘게 다져주세요.
빵가루 현미빵을 분쇄기에 갈아주세요.
포도씨유
소금, 후춧가루 조금 |

따뜻한 현미밥에 버터와 토마토 피자 소스를 넣고 섞어주세요. 토마토 피자 소스가 없다면 케찹 1ts에 토마토 페이스트 1ts를 넣어주세요.

달걀 1개, 소금, 후춧가루를 넣고 잘 버무려주세요.

(2)에 파마산 치즈를 넣고 좀더 버무린 다음 찬 곳에 두세요.

소스 팬에 포도씨유를 넣고 다진 쇠고기를 볶다가 양파 다진 것과 토마토 페이스트를 넣고 볶아주세요. 소금과 후춧가루로 간을 해주세요.

파는 빵가루만 있다면 분무기로 물을 조금 뿌려서 사용해도 돼요.

식빵은 분쇄기로 갈아서 사용하세요. 시중에서 파는 빵가루는 수분이 없어 튀김 요리 시 빵가루만 타기 쉬워요.

모짜렐라 치즈는 흩어지지 않게 미리 덩어리로 만들어서 눌러 놓으면 사용하기 쉽답니다.

밥 반죽을 한 숟가락 손바닥에 편 후 볶은 쇠고기와 모짜렐라 치즈를 넣고 동그랗게 모양을 만들어 주세요.

처음에는 모양 잡기가 힘들지만 손바닥에 밥반죽을 골고루 얇게 편 후 소를 넣고 물가락을 이용해 말아주면 쉽게 할 수 있어요.

빵가루를 골고루 묻혀 주세요.

포도씨유를 넣고 180~190도의 온도에서 30~40초 가량 갈색빛이 약간 날 정도로 노릇노릇하게 튀겨 주세요.

cook & cook

쌀로 만든 달콤한 라이스 푸딩 만들기

재료 (2인분) 쌀 ½컵 미리 불려놓으세요 | 유유 1컵 | 생크림 1컵 | 마스코바도 설탕 5Ts | 달걀 노른자 1개 | 바닐라 에센스 조금

1. 소스 팬에 우유, 생크림을 넣고 끓이다 쌀을 넣으세요. 끓기 시작하면 불을 줄이고 쌀이 익을 때까지 나무주걱으로 계속 저어주세요(30분 정도).
2. 달걀에 설탕을 넣고 섞은 다음 (1)의 쌀을 조금 덜어 잘 저어주세요(바로 달걀을 팬에 넣으면 익어버리기 때문에 안 돼요).
3. (2)를 (1)의 팬에 넣고 약한 불에서 잘 저어주세요. 이때 바닐라 에센스를 넣으면 돼요. 차갑게 먹어도 맛있어요.

cook & cook

샤프란리조또 만들기

재료 불린 쌀 200g | 샤프란 ¼ts | 양파 ½개 | 무염버터 70g | 드라이 화이트와인 3Ts | 닭고기 육수 2컵 | 파마산 치즈 60g | 소금과 후춧가루 조금

1. 버터의 ½를 팬에 넣고 양파를 볶은 다음 소금과 후춧가루로 간을 하세요.
2. (1)의 팬에 불린 쌀을 넣고 같이 볶다가 드라이 화이트와인과 닭고기 육수 ½컵, 샤프란을 넣고 약한 불에서 모든 재료가 잘 어우러지게 저어주세요.
3. 닭고기 육수 남은 분량을 천천히 부어주면서 쌀이 뭉쳐지지 않으면서 부드럽고 촉촉하게 되도록 30분 정도 졸이세요.
4. 쌀이 다 익었으면 팬을 불에서 내린 다음 남은 버터와 파마산 치즈를 넣고 섞은 다음 바로 먹으면 돼요.

03 연근가루를 섞어 더 맛있는
아귀 덮밥

저지방 저열량 고단 백 아귀살과 섬유질과 비타민 풍부한 야채가 잘 어울려 성장기 아이 발육 에 좋아요.

아귀 꼬리살을 이용한 세 번째 요리에요. 이번에는 아귀를 야채와 같이 볶아 일본 백간장으로 양념을 한 담백한 맛의 덮밥 요리를 만들어 보아요. 연근가루를 사용해 한층 더 업그레이드된 건강 요리가 되었네요. 야채를 싫어하는 아이라면 야채는 잘게 썰어서 먹기 쉽게 해주세요. 흰 쌀밥보다는 현미밥으로 차츰 차츰 바꿔주는 것도 좋을 것 같아요. 현미밥이 먹기 힘들 때 덮밥을 하면 한결 먹기 쉽겠죠!!

재료 3인분

아귀 꼬리살 300g 손질 방법은 아귀 꼬치구이(87쪽)를 참고하세요.
화이트 와인 1Ts | 소금, 후춧가루 조금 | 감자전분 1Ts |
양파 ½개 | 브로콜리 100g | 베이비콘 5~6개 | 양송이버섯 6개
청피망 ½개 씨를 빼고 잘라서 준비하세요.
홍피망 ½개 씨를 빼고 잘라서 준비하세요.
포도씨유(볶음용 기름)

백간장 1½Ts 가쓰오부시로 맛을 낸 간장으로 '오이시'에서 구입했어요.
마스코바도 설탕 ½ts
연근가루 2Ts 두레생협에서 구입할 수 있어요.
물 1½컵

1. 아귀살은 소금, 후춧가루, 화이트 와인을 뿌려 놓으세요.

2. 베이비콘, 청피망, 홍피망, 양송이, 양파, 브로콜리는 1.5~2cm 정도로 썰어주세요.

3. 감자전분을 뿌려서 골고루 묻혀주세요.

4. 포도씨유를 두른 팬에 아귀살을 넣고 중불에서 노릇노릇하게 튀겨주세요.

5. 야채를 넣고 볶다가 물 1컵을 붓고 백간장과 설탕으로 양념해주세요.

6. 남은 물 ½컵에 연근가루를 넣고 섞은 다음, (5)의 팬에 붓고 걸쭉하게 만든 다음 밥 위에 올려 먹으면 돼요.

> 코코넛은 스페인어로 코코(coco : 원숭이 얼굴)에서 유래되었다고 하네요. 코코넛의 밀크는 섬유질과 비타민, 미네랄이 풍부하여 중요한 영양 공급원이죠.

04 열대의 맛을 식탁에
코코넛 카레

우리 나라에서 먹는 카레는 일본에서 건너와 한 가지 맛을 가진 음식이라는 고정관념이 있어요. 매운 맛, 중간 맛, 아니면 안 매운맛…… 하지만 카레의 본 고장 인도에 가면 수많은 종류의 카레를 만나볼 수 있어요. 여기서는 간단하게 코코넛 밀크를 이용해 아이들이 좋아할 만한 카레를 만들어 보려고 해요. 시중에서 파는 카레 가루로 열대의 이국적인 맛을 내보도록 해요. 설탕이 들어가서 맛이 이상할 것 같다는 고정관념은 버리고 일단 한 번 만들어 보세요. 아이들이 좋아하는 넘버원 메뉴가 될 거에요.

재료 3인분	
닭고기 안심 또는 가슴살 300g	코코넛 밀크 1컵 마트에서 캔에 파는 것을 사용하세요.
고구마 150g	마스코바도 설탕 1Ts
당근 100g	카레 파우더 3~4Ts 시중에서 파는 중간 맛이면 돼요.
양파 중간 것 1개	포도씨유 조금
샐러리 ½대	소금, 후춧가루 조금
닭고기 육수 1½컵	

1. 닭고기, 고구마, 양파, 당근을 같은 크기로 깍둑썰기하세요. 아이가 어리다면 작게 써는 것이 좋지만 크게 썬 것이 먹음직스럽게 보인답니다.

2. 냄비에 포도씨유를 넣고 닭고기를 볶아주세요. 소금과 후춧가루로 약하게 간을 해주세요.

3. 냄비에 나머지 재료를 넣고 중불에서 볶아주세요.

4. 닭고기 육수를 부어 재료가 부드러워질 때까지 중불에서 끓여주세요.

5. 코코넛 밀크에 카레 가루와 설탕을 넣어 골고루 저어주세요.

6. 냄비에 (5)를 넣고 계속 저어주세요. 재료와 잘 어우러지면 밥과 함께 먹으면 돼요.

단백질과 미네랄이 풍부한 생선알과 비타민 A, B가 풍부한 야채로 아이의 건강을 지켜주세요.

05 입안에서 알이 톡톡!! 소리로 먹는
알밥

날치알은 어떠한 요리와도 잘 어울려 요즘은 스파게티, 김밥, 달걀찜, 찌개 등등 안 들어가는 음식이 없을 정도랍니다. 이런 만능재료인 날치알이 처음 소개된 것은 일식집의 알밥인 것 같아요. 씹을 때마다 입안에서 톡톡 씹히는 그 감촉이 좋아 알밥을 먹기 위해 일식집을 기웃거리던 때도 있었죠. 알밥의 포인트는 고소함과 여러 가지 재미있는 음식 색감을 나타내는 것이 아닐까요? 뜨겁게 데운 뚝배기에서 탁탁 튀기는 소리까지 재미있는 알밥을 만들어봐요.

재료 1인분 밥 1인분 밥알이 퍼지지 않은 쌀밥을 사용하세요. | 날치알 60g 시중에서 파는 날치알 중에서 색소로 염색한 것 말고 황금색의 알을 사용하세요. | 오이 ⅓개 | 당근 5/1개 | 양송이 2개 | 미나리 조금 | 쪽파 ⅓대 | 김 1장 | 가염 버터 10g 식당에서는 보통 마가린을 넣어 맛을 내지만 집에서는 버터를 사용하세요. | 참기름 ½ts | 깨 조금

소스 〈비빔 소스〉
간장 1ts | 물 ½ts | 참기름 ½ts | 볶은 깨 ½ts | 다진 부추 1Ts

오이의 사이사이는 소금을 이용해서 닦아야 잘 닦여요.

1 오이는 돌기부분을 깎아 내고 돌려 깎기 한 후 채 썰어 준비하세요. 당근과 양송이도 채 썰고, 쪽파는 다 져주세요. 만약 다른 야채가 있다면 채썰어 같이 준비하세요.

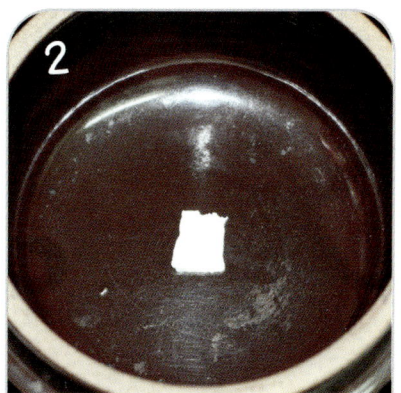

2 뚝배기는 불에 올려 충분히 데워주세요. 가염 버터와 참기름을 뚝배기에 넣어주세요. 밖에서 먹을 때 느끼는 고소함은 버터 대용 마가린 맛이에요.

뚝배기안에서는 뚜껑을 덮지 않는 한 밥이 금방 뜨거워지지 않아요.

3 바로 밥을 담아주세요. 찬밥보다는 금방 한 밥이 좋아요. 만약 밥이 차다면 전자레인지에 데운 다음 넣어주세요.

cook & info

뚝배기에 내용물을 올릴 때는?

계속 뚝배기에 열을 가하면서 밥 위에 야채와 날치알을 돌려가며 올려 주세요. 시중에서 판매되는 날치알은 간이 되어 있으니 따로 간을 하지 말고 날치알을 수북이 쌓아 주세요. 집에서 만들어 먹는 알밥인 만큼 날치알을 아끼지 말고 넣으세요.

cook & cook

날치알 달걀말이 만들기

 달걀 3개 | 날치알 100g | 다진 홍피망 1Ts | 다진 청피망 1Ts | 소금, 후춧가루 조금

1 그릇에 달걀을 잘 풀어주세요.
2 프라이팬에 기름을 조금 두르고, 풀어둔 달걀의 ⅔만 붓고 약한 불에서 익히다 반만 익으면 바로 날치알을 펼쳐서 올리고 다진 홍피망과 청피망을 옆에 올린 다음 김밥처럼 말아주세요.
3 다 말았으면 남은 달걀을 프라이팬의 남은 부분에 붓고 같이 말아주세요. 식은 다음 썰어야 모양이 유지되요.

새우는 몸에 해로운 독을 풀어 주는 작용을 할 뿐만 아니라 저혈압과 빈혈에도 좋은 식품이에요.

06 중국식 새우 볶음밥

반찬이 없을 때 새우만으로 맛있는 볶음밥을 만들어 한 끼를 근사하게 해결할 수 있답니다. 달걀과 새우는 맛뿐만 아니라 색도 아주 잘 어울려요. 여기서는 달걀과 새우를 타지 않도록 하여 제 색깔이 잘 나타나게 요리하는 것이 포인트랍니다. 아이들 도시락에도 아주 좋아요. 보온도시락에서 꺼낼 때 새우의 향과 달걀의 고소함이 잃었던 식욕도 되찾아줄 거에요.

재료 1인분
새우살 130g
달걀 2개
밥 한 공기
쪽파 조금
청주나 요리술 조금

소금 조금
후춧가루 조금 색이 튀지 않게 흰후춧가루를 사용하세요.
포도씨유 조금

1. 새우살은 나무 꼬치로 등 쪽의 내장을 빼내고, 소금물에 씻어서 물기를 빼주세요.

2. 새우살에 요리술이나 청주 1Ts를 뿌려 잡냄새를 제거해 주세요.

3. 달걀은 소금과 후춧가루로 간을 한 다음 젓가락으로 잘 저어주세요.

4. 기름 두른 팬에 달걀을 붓고 중불에서 젓가락을 휘저으며 잘게 부셔가며 볶아주세요.

5. 볶은 달걀은 한쪽에 모아 놓고 다른 한쪽에서 새우를 볶아주세요.

6. 밥을 넣고 볶다가 소금과 후춧가루로 간을 한 다음 쪽파 썬 것을 올리면 완성이에요.

감기를 예방하고 몸을 따뜻하게 해주는 효과뿐 아니라 성장기 아이와 허약체질에 좋은 영양식이에요.

07 크기는 미니, 맛은 슈퍼급
미니 단호박 영양밥

단호박은 그냥 쪄먹기에는 뭔가 부족한 것 같아 꿀에 묻혀 먹거나 아니면 설탕을 넣어 샐러드로 만들어 먹었어요. 특히 미니 단호박은 당도도 높고 밤맛도 나면서 모양도 귀여워 아이들이 아주 좋아해요. 씨를 제거한 단호박에 찹쌀과 흑미를 넣고 강낭콩, 맛밤, 완두콩 등을 함께 넣어 밥을 해보세요.

재료 1~2인분

미니 단호박 1개
찹쌀 3Ts Table Spoon
흑미 1Ts
밤 25g 맛밤으로 준비하세요. 마트에서 구입할 수 있어요.
강낭콩 20g
완두콩 15g

소스

〈비빔 소스〉
간장 1ts | 물 ½ts | 참기름 ½ts | 참깨 ½ts

1 미니 단호박은 꼭지를 중심으로 칼집을 넣어 자르고 수저를 사용해서 씨를 말끔히 제거해 주세요.

흑미는 시간을 더해서 충분히 불리세요. 찹쌀보다는 잘 불려지지 않아요.

2 찹쌀과 흑미는 30분 이상 물에 충분히 불려주세요. 그래야 단호박과 함께 찔 때 잘 익을 수 있어요.

3 시중에서 파는 맛밤과 강낭콩, 삶은 완두콩을 분량대로 준비해주세요.

쌀이 재료 사이사이에 잘 섞이도록 미니 단호박을 탁탁 쳐주세요.

4 찹쌀과 흑미는 물을 빼고, 미니 단호박 속에 밤, 강낭콩, 완두콩과 함께 골고루 섞어가며 넣어주세요.

1시간~1시간 30분 쪄주세요.

5 김이 오른 찜통에 꼭지로 막은 미니 단호박을 넣어주세요. 미니 단호박 속에 물을 안 넣어도 자체에 물이 생겨 충분히 맛있는 밥이 된답니다.

6 다 쪄진 미니 단호박은 반으로 갈라서 만들어 둔 비빔 소스를 넣어 밥과 비벼 먹으면 돼요. 껍질까지 다 먹도록 해요.

오징어의 콜레스테롤은 몸에 이로운 HDL이에요. 세포 속에 있는 몸에 해로운 콜레스테롤을 간으로 이동시키는 역할을 하고 타우린 함량이 높아서 나쁜 콜레스테롤의 기능을 억제해 준데요.

08 여덟 가지 진귀한 재료가 가득
팔보채 덮밥

재료 손질이 약간 번거롭지만 만들기는 아주 쉬워요. 바다와 육지의 모든 영양을 한 그릇의 요리에 담은 것이 바로 팔보채라고 할 수 있어요. 홍합, 오징어, 해삼, 소라, 관자, 새우, 청경채, 돼지고기, 죽순이 함께 어우러져 맛과 영양이 풍부한 음식이랍니다.

재료 3~4인분

키조개 1개 내장은 제거하고 먹기 좋게 잘라주세요.
오징어 몸통 1개 껍질은 벗기고 겉면에 칼집을 내주세요.
새우 150g 머리와 껍질을 제거하고, 등 쪽의 내장을 제거해 주세요.
불린 해삼 150g 어슷하게 썰어주세요.
소라 150g 어슷하게 썰어주세요.
돼지안심 150g 채 썰어 놓으세요.

청경채 3개 살짝 데친 후 체에 받쳐주세요.
마늘 1쪽 저며 놓으세요.
육수 해산물 데친 물을 사용하세요.
연근가루 2Ts 물 4Ts에 풀어 놓으세요.
파 1대 | 죽순 3개 | 생강즙 ½ts | 굴소스 2Ts |
간장 1Ts | 포도씨유 2~3ts | 참기름 ½ts

1. 해산물은 먹기 좋게 썰어 놓고, 돼지고기는 녹말가루, 소금, 후춧가루, 생강즙을 넣고 버무려주세요.

2. 끓는 물에 소금을 넣고 해산물을 데쳐서 체에 건져 물기를 빼 놓으세요

데친 물은 버리지 말고 따로 담아놓으세요.

3. 팬에 포도씨유를 두르고 마늘과 파를 볶아 향을 먼저 내주세요

마늘과 파는 건져내세요.

4. (3)의 팬에 돼지고기를 넣고 볶다가 해산물 데친 물 1.5~2컵을 붓고 끓이다가 죽순을 넣고 좀더 끓이세요.

5. (4)에 (2)의 데친 해산물과 파를 넣고 바로 굴소스, 간장으로 간을 해주세요.

6. 살짝 데친 청경채를 팬에 넣고 바로 물에 개어 놓은 연근가루를 뿌려 되직하게 농도를 맞춘 다음 참기름을 넣고 밥에 올리면 돼요.

활성산소를 없애는 항산화 식품인 강낭콩을 많이 먹을 수 있어요.

09 돌돌 말아 먹는 샌드위치? 재미있는 멕시코 요리
또띠아(Tortilla)

잘 알려진 멕시코 전통 요리 중 또띠아라고 들어보셨죠? 일종의 샌드위치인데 아이들도 좋아하고 세계적으로 대중화된 음식이에요. 갖가지 야채와 콩, 고기 그리고 아보카도를 사용한 구아카몰소스(Guacamole Sauce)를 사용해 간단해 보이지만 푸짐하고 영양 만점 요리랍니다. 특히 항산화 식품으로 활성산소를 없앤다는 붉은 강낭콩을 아이들이 쉽게 먹을 수 있게 만들 수 있으니 콩을 싫어하는 아이 역시 좋아할 거에요. 또한 아이들이 싫어하는 야채를 잘게 다져 넣어 만들게 되므로 그것 역시 일석이조의 효과를 얻을 수 있겠죠!!

재료 3~4인분

또띠아 12장 대형 마트나 수입식품점에서 팔아요. 옥수수 만든 것으로 무방부제 무인공첨가인 것을 사용하세요.

〈고기소〉
쇠고기 다진 것 250g
호박 큰 것 ½개 쥬키니호박을 사용했어요. 애호박도 괜찮아요.
마늘 1쪽 잘 다져서 준비해요.
포도씨유 1Ts
계피 가루 1ts
파프리카 가루 ½ts 수입재료상에서 구할 수 있어요. 고춧가루보다 맵지 않고 단맛이 있어요. 인터넷으로 구입해도 돼요.
오레가노 ½ts
소금 ½ts
후춧가루 조금

〈강낭콩 소〉
강낭콩 250g 꼭 국산을 사용하세요. 말린 것은 미리 충분히 물에 불려서 사용하세요.
토마토 작은 것 2개 씨와 껍질은 제거하고, 다져서 사용하세요.
적색 양파 작은 것 1개 없을 경우 흰양파를 사용하세요.
당근 ½개 잘게 다져 놓으세요.
마늘 1쪽 으깨어 놓으세요.
올리브유 1Ts
소금, 후춧가루 조금
레몬 ½개 즙낸 것
파프리카 가루 1ts
칠리 소스 1Ts 맵고 신맛이 나는 소스에요. 칠리 소스 이마트에서 쉽게 구할 수 있답니다.
다진 치즈 2장

소스 〈구아카몰 소스〉
아보카도 1개 | 라임즙 1Ts | 칠리 소스 1ts | 코리안더 ½ts | 설탕 2Ts | 소금, 후춧가루 조금 | 크림치즈 60g | 샤워크림 3Ts

1. 양파는 반을 갈라 세로로 칼집을 내고, 가로는 끝을 1cm 정도 남기고 칼집을 내서 자르면 일정한 크기로 다져지게 돼요.

2. 올해 나온 강낭콩은 불리지 않고 삶아서 사용해도 되지만 말린 강낭콩은 미리 불려야 잘 삶아져요.

손으로 눌러 부드럽게 으깨지면 다 익은 거예요.

3. 토마토는 십자로 칼집을 내고 꼭지를 딴 다음 뜨거운 물에 잠깐 넣었다 꺼내서 껍질을 벗기세요. 반으로 갈라 숟가락으로 씨를 제거하고 다져주세요.

기름 두른 팬에 당근과 양파, 마늘을 부드럽게 볶은 다음 소금, 후춧가루, 파프리카 가루를 넣고 좀더 볶아주세요. 재료가 잘 어우러져야 돼요.

완성된 모습이에요. 붉은 빛이 돌고 국물이 없으면 완성!

(4)의 팬에 토마토 다진 것과 강낭콩, 칠리 소스, 레몬즙을 넣고 25~30분 정도 중불에서 저어가며 국물이 흐르지 않을 정도로 끓여주세요.

기름 두른 다른 팬에 다진 호박과 다진 마늘을 중불에서 부드럽게 볶아주세요.

고기 간은 취향에 맞게 하되 소스를 얹을 것이므로 짜지 않게 해주세요.

(6)의 팬에 다진 고기를 넣고 볶은 후 오레가노, 소금, 후춧가루와 파프리카 가루, 계피 가루를 넣고 약한 불에서 10분 정도 더 볶아주세요.

잘 익은 아보카도를 반으로 칼집을 내어 중앙의 씨를 따라 자르세요.

손으로 양쪽을 잡고 비틀면 칼집을 따라 반으로 갈라져요.

cook & info

냉동 보관 시 용기 선택은?

보통 지퍼락에서 나온 지퍼백이나 모유 저장용 백을 사용하는 것이 좋아요. 모유 저장백은 보통 200~250ml(1컵)를 담을 수 있고 세워서 냉동도 할 수 있어요. 안전성이 입증된 만큼 안심하고 사용할 수 있어요. 가격이 좀 비싼 것이 흠이긴 하지만요.

10

씨는 칼로 제거하고 아보카도 과육은 숟가락으로 떠서 준비하세요.

11

분쇄기 그릇에 아보카도 과육과 칠리 소스, 라임즙, 코리안더, 설탕, 크림치즈 샤워크림, 소금, 후춧가루를 넣고 갈아주세요.

12

부드럽게 만들어진 구아카몰 소스는 고소하면서도 영양 가득한 소스랍니다.

13

또띠아는 달궈진 팬에 올려서 양면을 30초씩 노릇하게 구워서 준비해 주세요.

14

구워진 또띠아에 소스를 바르고 원하는 소를 넣고 칠리 소스를 살짝 뿌려 먹으면 돼요.

cook & cook : 새우가 들어간 또띠아 만들기

재료 (2인분) 또띠아 2장 | 새우 중간 크기 10개 | 홍피망 ½개 | 청피망 ½개 | 마늘 1개 | 양파 ½개 | 포도씨유 1ts | 소금, 후춧가루 조금

1 달군 팬에 기름을 두르고 새우를 볶다가 채 썰어 놓은 야채를 넣고 센 불에서 볶으세요. 이때 소금과 후춧가루로 간을 해주세요.

2 팬에 따뜻하게 구운 또띠아 위에 (1)을 올리고 칠리 소스나 구아카몰 소스를 얹어 같이 먹으면 돼요.

쇼트(Short) 파스타의 한 종류로, 조개 모양으로 만들어진 콘킬리에는 모양만큼이나 맛도 쫄깃하고 좋아요. 항산화 작용을 하는 리코펜이 풍부한 토마토 소스를 더해 영양 만점!

10 네 가지 색깔의 토마토 소스
콘킬리에(Conchiglie)

조개 모양 파스타인 콘킬리에는 모양이 아주 특이하고 예뻐요. 여기서 사용한 콘킬리에는 비트가 들어간 분홍색, 시금치 색인 녹색, 오징어 먹물인 검은색, 플레인의 노란색으로 되어 있어 시각적으로도 아주 화려하고 건강에도 아주 좋답니다. 거기에 약간은 단순하지만 토마토와 베이컨만으로 소스를 만들어 곁들여 먹으면 아이들도 좋아하는 재미난 파스타가 된답니다.

재료 1인분	
Conchiglie 100g	파 조금 기름에 향을 낼 정도의 1/5대만큼
토마토 150g	올리브유 1~2ts
토마토 페이스트 3Ts	파마산 치즈 완성된 콘킬리에에 뿌려 먹을 만큼
베이컨 50g	
마늘 2개 채 썰어서 준비하세요.	

1. 토마토는 갈아 놓으세요.

2. 올리브유에 파를 볶아 향을 내고 파는 건져내세요.

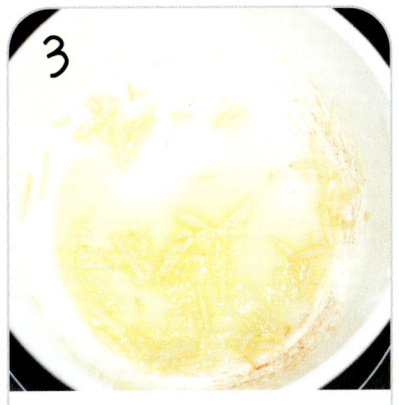

3. 파향을 낸 기름에 채 썬 마늘을 볶아주세요.

4. 베이컨을 2cm 간격으로 썰어주세요. 그리고 전자레인지에 30초 돌려서 기름을 빼 놓으세요.

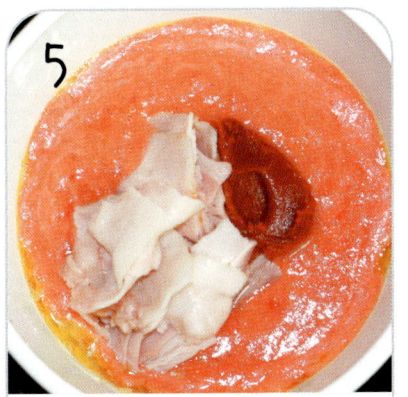

5. (3)에 갈아 놓은 토마토, 토마토 페이스트, 기름 뺀 베이컨을 넣고 한 번 끓으면 약한 불에서 20분 동안 타지 않게 저어가면서 졸여주세요.

6. 콘킬리에는 끓는 물에 9~10분 정도 삶아 체로 물을 뺀 다음 그릇에 담아내세요.

완성된 소스(5)를 뿌리고 파마산 치즈를 뿌려서 먹으면 돼요.

부추의 향 성분은 비타민 B의 흡수를 촉진시키고 에너지 대사를 높여요. 비타민 A가 많아 더위를 이기게 해줘요.

11 녹색 야채로 입맛 돋우는
부추잡채

부추잡채에 들어가는 호부추는 땅속의 하얀 비늘줄기까지 채취한 부추로, 주로 중국 요리에 많이 사용해서 중국부추라고도 하는데 돼지고기와 아주 잘 어울려요. 중국집의 코스 요리에 빠지지 않고 나오는 요리이기도 하죠. 꽃빵에 싸서 먹어도 되지만 식빵이나 밥과 먹어도 아주 좋아요. 야채를 바꿔가며 응용해도 좋고요. 녹색 야채를 먹지 않는 아이에게는 꽃빵에 돌돌 말아 먹도록 하면 그 재미에 아마 먹게 되지 않을까요!!

재료

호부추 1단
돼지고기 100g 지방이 없는 안심을 사용하세요.
양파 ½개(120g 정도)
표고버섯 3~4개
포도씨유 1½ts
참기름 ½ts

굴소스 1Ts | 마스코바도 설탕 ½ts
간장 1ts | 소금, 후춧가루 조금
녹말가루 1ts 돼지고기를 무칠만큼의 양
마늘 1쪽 저며 놓으세요.
파 ½대
꽃빵

1. 호부추는 하얀 비늘줄기가 길수록 좋은 것이에요. 시든 줄기는 다듬고, 4~5cm로 잘라주세요.

2. 돼지고기는 익으면 길이가 줄어드니까 부추 길이보다 1cm 정도 길게 채쳐주세요. 가늘게 채를 쳐야 양념도 잘 배고 요리시간도 단축돼요.

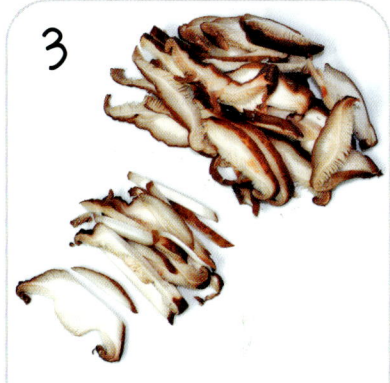

3. 표고버섯은 갓만 채쳐주세요.

4. 양파는 반을 갈라 세로로 가늘게 채쳐주세요.

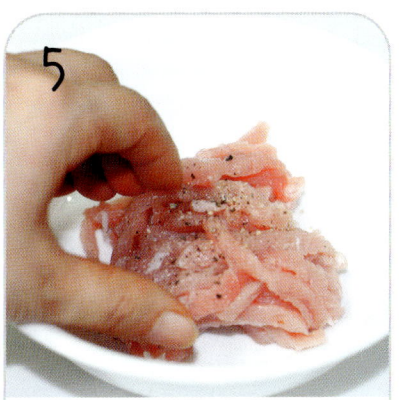

5. 돼지고기는 소금, 후춧가루로 간하고 녹말가루를 넣어 골고루 섞어주세요.

6. 달군 팬에 포도씨유를 붓고 저민 마늘과 파를 넣은 다음 중불에서 기름에 향이 배도록 잘 볶아주세요. 마늘과 파는 건져 내세요.

(6)의 기름에 돼지고기를 넣고 센 불에서 나무젓가락을 이용해서 볶아주세요. 뭉치지 않게 헤쳐가면서 볶아주세요.

바로 양파와 볶다가 버섯을 넣고 호부추는 마지막에 넣으면서 동시에 양념(굴소스, 간장, 설탕을 미리 섞어 놓으세요.)을 넣어주세요.

중국요리의 기본인 센불에서 재빨리 볶아내기는 야채에서 물이 나오지 않고 영양소의 파괴를 최소화하는데 있다고 해요.

꽃빵은 찜통에 김이 오르면 젖은 천을 깔고 5분간 찌세요.

접시에 담기 바로 전에 참기름을 조금 뿌려 향을 내고 찐 꽃빵과 곁들여 먹으면 돼요.

cook & cook

꽃빵 만들기

꽃빵은 중국말로 화취앤이라 하며, 중국 북쪽 지방의 주식 중 하나에요. 이번에는 꽃빵도 만들어볼까요?

재료 우리밀 백밀가루 200g | 드라이 이스트 5g | 따뜻한 물 100ml | 마스코바도 설탕 15g | 베이킹파우더 3g | 포도씨유 조금

1 미리 설탕을 녹인 물에 이스트를 넣은 다음 밀가루와 베이킹파우더를 넣고 반죽해주세요(반죽에 윤기가 흐를 때까지 하세요).

2 반죽을 2~3mm 두께로 얇게 밀어서(네모지게) 포도씨유를 반죽 위에 바르고 김밥 말듯이 말아주세요. 1개의 무게가 35g 정도 되도록 일정하게 자른 다음 중앙을 젓가락으로 눌러서 모양을 내주세요.

3 젖은 천을 덮어 따뜻한 곳에서 40분간 발효시킨 다음 찜통에서 15분간 쪄주면 완성이에요.

12 대구살을 곁들인 에그 누들 볶음

중국의 면 요리는 중국의 역사만큼 그 종류도 아주 다양해요. 특히 많이 사용하는 면 중에 달걀이 들어간 에그 누들은 잘 달라붙지 않고, 맛은 고소하면서 담백해서 여러 요리에 응용할 수 있어요. 단백질을 보충할 수 있게 소스를 올린 대구살을 올려서 먹으면 영양이 고루 들어간 우리 아이 한 끼 식사로 손색이 없을 거예요.

> 흰살 생선인 대구는 라이신, 트레오닌 같은 아미노산이 풍부한 고단백 식품이에요. 쌀이 주식인 우리 나라 사람들에게 꼭 필요한 영양소가 들어 있어요.

재료 2인분
대구살 300~400g 냉동대구살을 사용하세요. | 에그 누들 2개 | 표고버섯 3개 | 당근 ½개 | 아스파라거스 2개 | 베이비콘 5개 | 홍피망 ½개 | 마늘 1~2개 | 생강 조금 | 다진 파 조금 | 참기름 조금 | 포도씨유 조금 | 간장 3ts | 피쉬 소스 1ts 태국 요리에 주로 사용하는 생선을 삭힌 소스예요. 까나리 액젓을 사용해도 돼요.

소스 〈스윗 앤 사우어 소스〉
토마토 1½개 | 토마토 페이스트 3Ts | 간장 2Ts | 마스코바도 설탕 3Ts | 생강 1ts 갈아서 즙으로 준비하세요. | 화이트 와인식초 1Ts | 옥수수전분 전분 1TS에 물 2TS를 넣어 준비하세요.

1. 토마토는 분쇄기로 곱게 갈아주세요.

2. 간 토마토는 냄비에 붓고 중불에서 끓여주세요.

3. 토마토 페이스트, 간장, 설탕, 생강, 와인식초를 넣고 저어주면서 끓이다 약불로 줄인 다음 뚜껑을 덮어서 10분 정도 더 끓여주세요.

cook & info

● 아스파라거스는 살짝 데쳐서 먹으면 돼요.

● 피시 소스예요. 마트(www.asia-mart.co.kr)에서 구입할 수 있어요.

● 베이비콘 또는 영콘이라고 하는 작은 옥수수 품종이에요. 샐러드나 야채 요리에 많이 사용한답니다. 마트(www.eket.co.kr)에서 구입할 수 있어요.

전분을 2배의 물에 갠 것을 1~2Ts 넣으세요.

4. 체에 (3)을 내린 후 중불에서 끓이면서 전분을 넣어 걸쭉하게 만들어주세요.

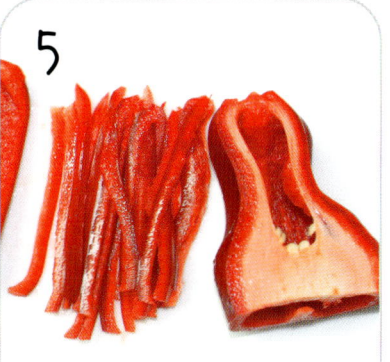

5. 홍피망은 아래, 위를 자르고 반으로 갈라 씨를 제거한 다음 가늘게 채썰어주세요.

6. 다른 야채들도 준비해 주세요. 길이를 맞춰서 가늘게 채 썰어주세요.

7. 대구살은 팬에 기름을 두르고 노릇하게 구워서 준비해 주세요.

에그 누들 2를 이에요. 수입재료 상이나 마트에서 쉽게 살 수 있어요

8. 에그 누들은 끓는 물에 2분간 삶아 물을 뺀 후 포도씨유에 살짝 볶아주세요.

9. 기름 두른 팬에 마늘과 생강을 넣고 볶다가 나머지 야채를 센 불에서 살짝 볶아주세요.

냉장고에 보관하지 말고, 그늘지고 건조한 상온에서 보관해야 하는 것

● 가지, 감자, 토마토, 호박, 양파, 사과, 바나나, 키위, 레몬, 귤 등
   (사과는 감자나 배, 바나나 옆에 두지 마세요. 사과의 에틸렌가스로 인해 신선도가 떨어지므로 따로 상온에서 보관하세요.)
● 귤이나 레몬은 사과나 바나나, 아보카도 옆에 두지 마세요. 서로 숙성을 촉진시켜서 저장 기간을 단축시킨답니다.

10

에그 누들을 넣고 바로 피쉬 소스와 간장을 넣어 볶다가 참기름을 넣고 그릇에 담아주세요.

11

에그 누들 볶음을 접시에 담고 그 위에 대구를 올려주세요. 스윗 앤 사우어 소스를 생선에 뿌려 먹으면 돼요.

cook & info : 명태의 다양한 이름들!

- 생태 – 얼리지 않은 날 것
- 황태 – 산란기 중에 잡은 명태를 얼리고 말리는 과정을 반복해 가공한 것
- 동태 – 겨울철에 잡아 얼린 것
- 북어 – 바짝 말린 것
- 코다리 – 반쯤 말린 것
- 노가리 – 명태의 새끼

cook & cook : 닭가슴살 에그 누들 볶음 만들기

에그 누들은 고소한 달걀 반죽을 가느다란 면으로 뽑은 것이랍니다. 수입 식품점(www.yum.co.kr)에서 구입하세요. 닭 가슴살이 들어간 에그 누들 볶음도 만들어보세요(2인분).

재료 에그 누들 2롤 | 닭 가슴살 200~300g | 쪽파 2대 | 표고버섯 3개 | 생강과 마늘 조금 | 포도씨유 조금 | 간장 2ts | 피쉬 소스 1ts | 레몬즙 2ts

1 닭가슴살은 길게 자르고 표고버섯은 채썰어주세요. 쪽파는 4cm 길이로 자르면 돼요.
2 포도씨유를 두른 팬에 생강과 마늘을 넣어 볶다가 닭가슴살을 넣고 거의 익었을 때 표고버섯과 쪽파를 넣어 볶아주세요(생강은 빼주세요).
3 삶아서 물기를 빼 놓은 에그 누들을 (2)에 넣고 저어가며 볶다가 간장, 피쉬 소스 레몬즙을 넣고 볶으면 완성이에요.

▲ 홍콩면(에그 누들)

▲ 에그 누들 2롤

전분을 2배의 물에 갠 것을 1∼½Ts 넣으세요.

체에 (3)을 내린 후 중불에서 끓이면서 전분을 넣어 걸쭉하게 만들어 주세요.

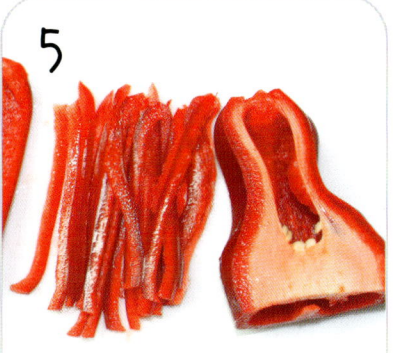

홍피망은 아래, 위를 자르고 반으로 갈라 씨를 제거한 다음 가늘게 채썰어주세요.

다른 야채들도 준비해 주세요. 길이를 맞춰서 가늘게 채 썰어주세요.

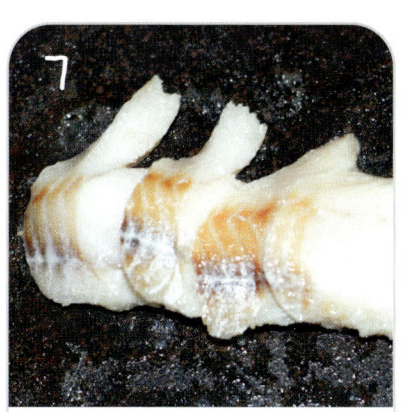

대구살은 팬에 기름을 두르고 노릇하게 구워서 준비해 주세요.

에그 누들 2롤이에요. 수입재료 샵이나 마트에서 쉽게 살 수 있어요.

에그 누들은 끓는 물에 2분간 삶아 물을 뺀 후 포도씨유에 살짝 볶아 주세요.

기름 두른 팬에 마늘과 생강을 넣고 볶다가 나머지 야채를 센 불에서 살짝 볶어주세요.

---

cook & info

냉장고에 보관하지 말고, 그늘지고 건조한 상온에서 보관해야 하는 것

- 가지, 감자, 토마토, 호박, 양파, 사과, 바나나, 키위, 레몬, 귤 등
  (사과는 감자나 배, 바나나 옆에 두지 마세요. 사과의 에틸렌가스로 인해 신선도가 떨어지므로 따로 상온에서 보관하세요.)
- 귤이나 레몬은 사과나 바나나, 아보카도 옆에 두지 마세요. 서로 숙성을 촉진시켜서 저장 기간을 단축시킨답니다.

10

에그 누들을 넣고 바로 피쉬 소스와 간장을 넣어 볶다가 참기름을 넣고 그릇에 담아주세요.

11

에그 누들 볶음을 접시에 담고 그 위에 대구를 올려주세요. 스윗 앤 사우어 소스를 생선에 뿌려 먹으면 돼요.

cook & info : 명태의 다양한 이름들!

- 생태 – 얼리지 않은 날 것
- 황태 – 산란기 중에 잡은 명태를 얼리고 말리는 과정을 반복해 가공한 것
- 동태 – 겨울철에 잡아 얼린 것
- 북어 – 바짝 말린 것
- 코다리 – 반쯤 말린 것
- 노가리 – 명태의 새끼

cook & cook : 닭가슴살 에그 누들 볶음 만들기

에그 누들은 고소한 달걀 반죽을 가느다란 면으로 뽑은 것이랍니다. 수입 식품점(www.yum.co.kr)에서 구입하세요. 닭 가슴살이 들어간 에그 누들 볶음도 만들어보세요(2인분).

재료 에그 누들 2롤 | 닭 가슴살 200~300g | 쪽파 2대 | 표고버섯 3개 | 생강과 마늘 조금 | 포도씨유 조금 | 간장 2ts | 피쉬 소스 1ts | 레몬즙 2ts

1 닭가슴살은 길게 자르고 표고버섯은 채썰어주세요. 쪽파는 4cm 길이로 자르면 돼요.
2 포도씨유를 두른 팬에 생강과 마늘을 넣어 볶다가 닭가슴살을 넣고 거의 익었을 때 표고버섯과 쪽파를 넣어 볶아주세요(생강은 빼주세요).
3 삶아서 물기를 빼 놓은 에그 누들을 (2)에 넣고 저어가며 볶다가 간장, 피쉬 소스 레몬즙을 넣고 볶으면 완성이에요.

▲ 홍콩면(에그 누들)   ▲ 에그 누들 2롤

13 스파게티의 기본! 볼로네즈 스파게티

눈에 좋은 카로틴이 듬뿍 들어 있는 토마토 소스에 단백질과 탄수화물이 적절히 조화를 이룬 음식이에요.

이탈리아의 아름다운 도시 볼로냐(Bologna)에서 유래된 볼로네즈(Bolognese) 스파게티! 사실 그 도시에 가본 적은 없지만 볼로네즈 스파게티는 여기 저기서 먹을 수 있죠. 신선한 토마토와 고기의 조화가 자극적이지 않고 신선해요.

재료 2인분

스파게티 100g 어른은 80g, 아이는 50~60g이 적당해요.
쇠고기 다진 것 100g 지방은 제거하세요.
베이컨 2장
양파 큰 것 ½개 다져서 준비하세요.
샐러리 ½대
당근 ½개

토마토 큰 것 1개 다져서 준비하세요.
레드 와인 30ml | 우유 25ml | 설탕 ½ts | 오레가노 ½ts
넛맥 조금 엄지와 검지로 집는 양만큼, 우유와 치즈가 들어가는 음식 요리에 양념으로 사용해도 좋아요.
엑스트라버진 올리브유 1ts
소금, 후춧가루 조금

1. 양파, 당근, 샐러리, 베이컨, 마늘은 다져서 준비하세요.

2. 달군 팬에 기름을 두르고 다진 야채를 충분히 볶아주세요.

3. 쇠고기는 지방을 제거한 것을 다지고 레드 와인은 중간 맛 또는 드라이한 맛으로 준비하세요.

고기의 잡냄새를 제거하기 위해 쓰는 것이니 스윗한 맛보다는 드라이한 맛이 좋아요.

4. 먼저 (2)의 팬에 쇠고기를 넣고 중불에서 볶다가 와인을 넣고 끓여 알코올이 증발하고 나면 우유를 넣으세요. 넛맥을 넣어주세요.

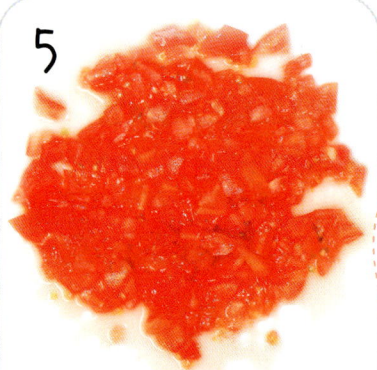

5. 토마토는 껍질을 벗겨 다져주세요. 페이스트는 맛이 진하므로 되도록이면 신선한 토마토를 많이 사용하도록 하세요.

6. 다진 토마토를 (4)의 팬에 넣고 설탕과 오레가노도 넣어 끓기 시작하면 약불에서 뚜껑을 닫고 30분 정도 가열해 주세요.

만약 많은 양을 한다면 시간을 늘려 주세요. 되직하게 되면 완성! 타지 않도록 항상 주의해주세요.

타이머를 13~14분에 맞춰 놓고 삶으면 실패하지 않는답니다. 면을 반으로 잘라 중앙에 심지가 아주 가늘게 남아 있으면 적당해요.

스파게티는 끓는 물에 삶아서 체에 받쳐 올리브유 1ts를 뿌려 주세요. 접시에 스파게티를 올리고 소스를 얹어 맛있게 드세요.

cook & info

넛맥이란?

우유와 넛맥이에요. 넛맥은 주로 우유를 넣을 때 넣어주면 맛이 더욱 좋아져요. 넛맥나무의 열매로 갈색이고 지방 함유량이 30퍼센트에요. 시중에서는 갈아놓은 것을 팔아요. 음료나 칵테일에 넣기도 하죠. 향이 달콤하면서도 깊은맛을 지니고 있어서 생선요리, 소스, 푸딩, 닭요리 등에 많이 사용해요.

Hunts의 토마토 페이스트에요. 보통 마트에서 볼 수 있는 제품인데 토마토를 으깨서 농축시킨 것이에요. 페이스트는 생토마토 보다 양을 적게 사용하세요.

cook & info

향신료를 구입할 수 있는 곳

- 현대백화점 지하의 식품 코너
- 오트(www.otth.co.kr)
- 이 베이커리(www.ehomebakery.com)
- 정푸드(www.jungfood.com)
- 아이러브 쿠키(www.ilovecookie.com)

cook & cook

모시조개 스파게티 만들기

 (2인분) 모시조개 2봉 | 스파게티 200g | 드라이 화이트 와인 70ml | 올리브유 1Ts | 마늘 1쪽 | 양파 ½개 | 토마토 350~400g | 파슬리 다진 것 | 1Ts | 소금, 후춧가루 조금

1 해감해둔 조개는 깨끗이 씻어 팬에 넣고 와인을 부은 다음 뚜껑을 덮고 조개의 입이 벌어질 때까지 끓이세요(5~10 정도). 입이 벌어진 조개만 골라 살을 발라주세요(입이 벌어지지 않은 조개는 상한 것이므로 버리세요). 와인 조갯국물은 버리지 마세요.

2 프라이팬에 올리브유를 넣고 중불에서 다진 마늘을 볶다가 다진 양파를 넣어 볶은 다음 껍질과 씨를 빼고 다진 토마토를 넣고 약한 불에서 30분 정도 뭉근히 끓이세요.

3 스파게티는 끓은 물에 넣고 13분 정도 익힌 다음 체에 받쳐 놓으세요.

4 (2)의 팬에 조갯살과 (1)의 와인 조개국물, 다진 파슬리를 넣고 재료가 서로 잘 어우러지게 약한 불에서 5분 정도 끓인 다음 소금과 후춧가루로 간을 하고 스파게티를 넣어 버무린 다음 그릇에 담아내세요.

14 까르보나라
부드러운 크림 소스에 버섯이 퐁당

단백질이 풍부한 영양식이에요.

토요일 점심! 뭔가 특별한 것이 먹고 싶다면 까르보나라를 한 번 만들어 보세요. 원래 이탈리아식은 달걀이 주가 되는 요리지만, 한국식은 우유와 생크림 등으로 고소함을 더해 아이들이 특히 좋아하죠. 마늘빵을 준비해서 남은 소스를 묻혀 먹는 맛이 그만이랍니다!

재료 2인분

- 스파게티 100g
- 베이컨 6~7장
- 양송이 100g
- 우유 100ml
- 생크림 250ml *휘핑용이 아닌 생크림을 사용하세요. 휘핑용으로 파는 것에는 설탕이 가미되어 있어요.*
- 파마산 치즈 70g
- 달걀 노른자 1개
- 양파 큰 것 ½개
- 마늘 1쪽
- 완두콩 삶은 것 조금
- 올리브유

1. 끓는 물에 소금을 넣고 스파게티면을 넣고 13~14분 동안 끓여주세요. 소금을 넣으면 물의 끓는 점이 높아져서 면이 더 잘 삶아진답니다.

익은 면은 중간의 단면에 아주 가느다란 실 같은 점이 남아있어요.

2. 면이 다 익었으면 바로 체에 담아 물을 빼고 올리브유 1ts를 넣고 잘 섞어주세요. 그러면 면이 서로 달라붙지 않고 탄력이 유지되요.

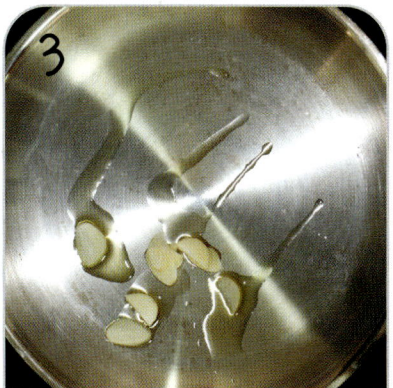

3. 올리브유 2ts을 팬에 두르고 마늘 채 썬 것을 넣고 중불에서 마늘향이 기름에 배어 나오도록 볶아주세요. 마늘이 갈색이 되면 마늘은 건져내세요.

베이컨은 미리 전자레인지에 1~2분간 데워 기름을 쫙 빼서 준비하세요.

4. 마늘향이 배어나온 기름에 베이컨과 양파 다진 것, 잘라 놓은 양송이를 볶아주세요.

5. (4)의 팬에 우유와 생크림을 넣고 끓여주세요.(생크림은 50ml 정도 남겨서 달걀 노른자와 섞어서 놔두세요).

웬만한 파마산 치즈는 마트에서 갈아 놓은 것을 구입해 사용하세요.

6. 파마산 치즈를 넣어주세요. 파마산 치즈 자체에 염분이 있으므로 나중에 간은 약하게 하세요.

7

노른자와 섞어 놓았던 크림을 재빨리 섞어 놓고 소금과 흰 후춧가루로 간을 맞추세요.

8

삶아 놓은 면을 팬에 넣고 크림 소스와 잘 섞어주세요. 만약 농도가 약하다면 파마산 치즈를 더 넣고 마지막에 완두콩을 뿌려주세요.

cook & cook : 홍합 손질법

1 흐르는 찬물에 홍합을 문질러 닦으세요.
2 홍합에 붙어 있는 검은 줄 같은 것을 잡아당겨 제거해주세요.

cook & cook

우유에 알레르기가 있는 아이를 위해 콩을 이용한 까르보나라 만들기

 메주콩 1컵 | 깨 1Ts | 잣 2Ts | 호두 3개 | 올리브유 | 소금 조금 | 물 | 마늘 1쪽 | 스파게티 200g

1 콩 소스 물 만들기 - 메주콩 1컵에 4배의 물을 붓고 4시간 이상 담가 불리세요. 2컵 가까이 불어날 때까지 불려주세요. 냄비에 불린 콩을 넣고 뚜껑은 덮지 말고 삶으세요. 끓기 시작하면 7~8분 정도 더 끓인 후 찬물에 담가 껍질을 벗기세요. 믹서에 삶은 콩과 볶은 깨, 잣, 껍질 벗긴 호두, 소금을 넣고 물을 부어 농도를 조절해 가면서 곱게 갈아주세요.
2 삶아 놓은 스파게티를 올리브유(마늘을 볶아 향을 낸)에 볶은 다음 (1)의 콩 소스에 버무려주세요(베이컨은 따로 구워서 잘게 잘라 위에 뿌리세요).

cook & cook

홍합 스파게티 만들기

 (2인분) 홍합 500g | 오징어 몸통 1개 | 스파게티 200g | 드라이 화이트와인 100ml | 올리브유 | 마늘 2쪽 | 청피망 ½개 | 양파 ½개 | 씨와 껍질을 제거한 토마토 300g | 토마토페이스트 1Ts

1 홍합은 깨끗이 손질해 놓으세요.
2 팬에 올리브유 1Ts을 두르고 다진 마늘을 넣어 잘 볶은 다음, 홍합과 와인을 넣고 뚜껑을 닫아 10분 정도 끓여주세요(홍합의 입이 벌어질 때까지 끓여주세요). 링처럼 썬 오징어도 넣어 익히세요.
3 스파게티는 끓는 물에 13분 정도 익히고 체에 받쳐 물을 빼주세요.
4 팬에 올리브유 1ts을 두르고 중불에서 다진 양파를 넣고 볶다가 다진 청피망을 넣어 볶은 다음, 다진 토마토와 토마토페이스트 넣고 볶아주세요. 이때는 약한 불에서 은근히 끓이고 소금과 후춧가루로 간을 하세요.
5 (4)의 팬에 홍합과 오징어를 넣고 (2)의 국물을 3Ts 정도 넣은 다음, 익힌 스파게티면을 넣고 한 번 끓여서 바로 그릇에 담아내세요.

15 포자
오동통해 더 맛있는 중국 만두

포자(包子)는 중국말로 빠오즈라고 해요. 포자 소로 쓰는 표고버섯은 비타민 D가 많아 뼈를 튼튼하게 해줘요.

천년의 역사를 가진 중국 만두는 그 수만큼 이름도 다양해요. 만두피 반죽을 발효시켜 오동통하게 만들고 그 속에 고기 소를 넣은 것을 '포자'라고 하는데, 찐빵처럼 크게 만들지 않고 소를 듬뿍 넣어서 만들면 아이들이 더 좋아해요. 슈퍼마켓에 가면 많은 만두들이 있지만 집에서 깨끗한 재료로 만들면 안심이 되어 마음도 편해진답니다.

재료

〈포자 반죽〉
우리밀 백밀가루 100g 다목적용을 사용하세요.
드라이 이스트 4g
베이킹파우더 2g
설탕 15g
우유 20ml
물 30ml 따뜻한 물로 준비하세요.
소금 조금

〈포자소〉
돼지고기 200g
표고버섯 2개
양파 큰 것 ½개
파 1대
마늘 1쪽
굴소스 2Ts
간장 2Ts
후춧가루 조금

1. 따뜻한 물에 설탕을 녹이고 드라이 이스트를 넣어주세요.

2. 밀가루에 소금, 우유와 (1)을 넣고 10~15분 동안 반죽한 다음 사진처럼 동그랗게 만들어주세요.

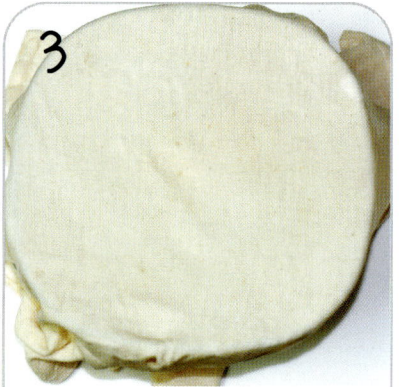

3. 젖은 천을 그릇 위에 덮고 따뜻한 곳에서 1시간 동안 1차 발효시켜주세요. 이때 천이 반죽에 닿지 않아야 해요. 반죽이 천에 달라붙으니까요.

표고 버섯 고르는 법

표고는 갓이 완전히 펴지지 않고 조금 오므라져 있고 갓부분의 색이 고르고 연한 밤색이 좋아요. 말린 표고버섯이 생표고버섯보다 영양 면에서는 더 우수하답니다. 표고에 들어 있는 에르고스테롤이 햇빛에 의해 비타민 D와 D2로 전환되어 칼슘의 흡수를 촉진시키고 뼈와 치아 형성에 큰 도움을 주며, 빈혈에도 좋다고 해요.

치댄 반죽을 랩에 싸서 냉장고에 두고 나중에 사용해도 됩니다.

2배 정도 부풀었으면 주먹으로 눌러 공기를 빼주고 베이킹파우더를 넣고 다시 10분간 치대세요.

아이가 어리다면 버섯도 아주 잘게 다지세요.

야채와 고기는 잘게 다져주세요. 버섯은 채 썰어서 길게 넣으면 먹을 때 버섯을 씹는 재미가 아주 좋아요.

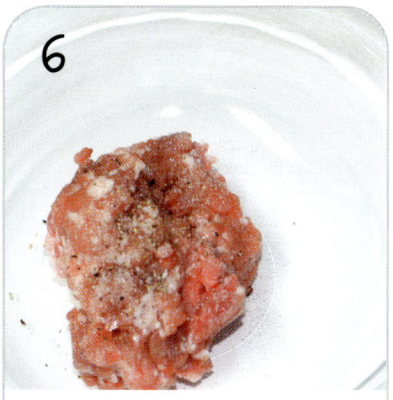

돼지고기는 소금과 후춧가루를 넣어 조물조물 미리 간을 해주세요.

고기를 볶다가 굴소스와 간장을 넣고 좀더 볶아주세요.

다진 야채를 넣고 고기와 같이 잘 볶아주세요. 고기가 완전히 익어야 해요. 다 볶은 후에 그릇에 담아주세요.

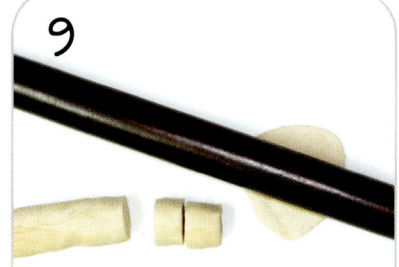

(4)의 반죽을 길게 늘인 다음 칼로 토막 내 밀대로 밀어주세요. 크기는 8~10개가 나오게 일정한 크기(지름 10cm)로 잘라주세요.

중앙에 만들어 놓은 만두 소를 놓은 후 예쁘게 빚어주세요.

먹기 편하게 모양을 만든 다음 따뜻한 곳에 10~15분 정도 두어 만두피를 2차 발효시켜주세요.

서로 붙지 않게 충분히 떨어뜨려 놓으세요.

김이 오른 찜통에 만두를 올리고 8~12분 쪄주세요. 만두 소에 충분히 간이 되어 있어 그냥 먹어도 돼요. 만두 속이 뜨거우니 먹을 때 주의하세요.

cook & info

중국의 만두

중국에서 만두는 크게 빠오즈, 쟈오즈, 만토우의 세 종류로 분류되요.

- 빠오즈(포자) – 만두피 속에 고기나 야채를 넣고 수증기로 쪄서 만든 만두에요.
- 쟈오즈(교자) – 빠오즈처럼 만두피 속에 고기나 야채를 넣고 끓는 물에 데치거나 끓인 것으로, 물만두와 좀 비슷해요.
- 만토우(만두) – 속에 아무것도 넣지 않고 쪄낸 빵으로, 꽃빵도 여기에 속해요.

cook & cook

중국식 부추 물만두 만들기

재료 우리밀 백밀가루 3컵 | 물 1컵 | 소금 1ts | 돼지고기 다진 것 300~400g | 부추 ½단 | 생강즙 2Ts | 소금 1ts | 후춧가루 조금

1. 백밀가루에 물과 소금을 넣고 열심히(말랑말랑해질 정도도) 반죽해 주세요. 물은 조금씩 넣어 가면서 반죽의 정도에 맞게 가감해서 넣어주세요. 다 된 반죽은 랩에 싸두세요.
2. 돼지고기 다진 것과 부추 잘게 다진 것, 생강즙, 소금과 후춧가루를 넣고 잘 치대주세요.
3. 랩에 싸둔 반죽은 나무판 위에 밀가루를 뿌린 다음 올려서 밀대로 아주 얇게 밀어주세요. 그런 다음 주전자 뚜껑 같은 것으로 찍어서 만두피를 만들어 놓으세요. 물만두인 만큼 너무 크지 않게 한입 크기로 적당히 만들어주세요.
4. 완성된 만두피에 (2)의 만두소를 넣고 모양을 내서 만두를 만드세요. 끓는 물에 넣고 떠오르면 익은 것이에요. 초간장에 찍어 먹으면 돼요.

16 칼로리 걱정 No!!
이탈리아 피자

칼로리 걱정 없는 건강식 피자예요.

미국식 배달 피자에 익숙한 우리들은 '피자' 하면 살찌는 음식이라고 생각하지만, 정통 이탈리아 피자는 도우에 어떤 토핑을 하느냐에 따라 건강한 식생활에 도움을 주기도 해요. 아이가 먹기 싫어하는 야채나 해산물을 도우에 올려 구워주면 영양 만점, 건강 피자로 손색이 없어요. 1차 발효를 끝낸 도우는 냉장고에 보관해 놓으면 집에 있는 재료들을 이용해 아무 때라도 쉽게 피자를 만들 수 있어요.

재료

〈도우〉
- 유기농 강력분 250g
- 드라이 이스트 1ts
- 소금 1ts
- 올리브유 1Ts
- 따뜻한 물 130~150ml

〈토마토 베이컨 피자 토핑〉
- 토마토 ½개
- 베이컨 3~4장
- 피자 치즈 100~120g
- 파마산 치즈 1~2ts

〈토마토 버섯 피자 토핑〉
- 토마토 ½개
- 양송이 5~6개
- 피자 치즈 100g
- 파마산 치즈 1~2ts
- 바질 조금

소스

〈피자 소스〉
- 토마토 페이스트 5Ts
- 토마토 600g 껍질과 씨는 제거하고 아주 잘게 다지거나 갈아놓으세요.
- 쇠고기 육수 1컵 없다면 물 또는 비프스톡을 사용해요.
- 마늘 1쪽 곱게 다져주세요.
- 양파 중간 크기 1개 갈아서 준비하세요.
- 올리브유 2Ts | 월계수잎 2장 | 오레가노 1ts | 로즈마리 ½ts |
- 소금 ½ts | 후춧가루 조금

1.

이스트와 소금이 바로 닿으면 잘 부풀지 않아요. 같이 넣지 말고 소금과 밀가루를 잘 섞은 다음에 이스트를 넣어주세요.

제빵기가 있다면 피자 도우 반죽이 쉽지만, 없다면 밀가루와 이스트와 소금을 함께 섞은 다음, 가운데에 올리브유와 따뜻한 물을 넣고 반죽하세요.

재빠르게 섞은 다음 한 덩어리로 만들고 15분 이상 열심히 반죽해주세요. 잘 된 반죽은 매끈하고 부드러워요.

2. 그릇에 올리브유를 바른 다음에 반죽을 넣어주세요.

3. 반죽 전체에 기름을 가볍게 묻혀주세요.

4

젖은 천을 그릇 위에 덮은 다음 따뜻한 곳에 1시간~1시간 30분 정도 두세요(이때 피자 소스를 만들면 시간이 딱 맞을 거에요).

5

두 배로 부풀어 오르면 주먹으로 다시 공기를 다 빼주세요. 이 상태의 반죽을 랩에 싸서 냉동고에 보관해 두고 필요할 때 사용하세요.

6

두께는 0.5~0.7cm 정도로 도우를 얇게 만들어 주세요.

밀가루를 뿌린 다음 반죽을 놓고 2분 정도 치댄 다음 반으로 나누어 네모나게 밀대로 밀어주세요.

7

다음으로 토마토 피자 소스를 만들어요. 끓인 육수에 월계수잎을 넣어주세요.

8

(7)에 토마토 페이스트와 토마토, 양파, 마늘을 넣고 잘 저어가면서 끓여주세요.

9

월계수잎은 건져내고, 오레가노, 로즈마리, 소금, 후춧가루를 넣고 약한 불에서 졸여주세요. 계속 저어주다가 걸쭉해지면 완성이에요.

아이의 건강을 위해 없애야 할 음식 재료들

몸에 안 좋은 식품 첨가물 투성이인 음식들은 아이를 위해 집에서 당장 추방시키세요. 맛살류, 케첩, 마가린, 냉동식품(만두, 너겟, 냉동 피자 등), 햄, 소시지, 청량음료, 과일 맛 주스, 과즙 젤리, 사탕, 과자, 각종 소스류, 즉석 식품류, 방과류, 단무지, 유산균이 들어갔다는 음료들, 라면

토마토 베이컨 피자에요.

도우 위에 피자 소스를 발라주세요.

잘게 다진 토마토와 베이컨을 고루 뿌리고 위에 피자 치즈와 파마산 치즈를 뿌리고 220도로 예열된 오븐 중간단에서 20분간 구워주세요.

노릇하게 구워졌으면 바로 꺼내서 식힘망에 올려두어 눅눅해지지 않고 바삭하게 먹을 수 있게 해주세요.

토마토 버섯 피자에요.

트레이에 종이 호일이나 오일 페이퍼를 깔고 도우를 올린 다음 토마토 소스를 바르고 양송이는 모양대로 잘라 골고루 얹고 토마토도 올려주세요.

피자 치즈와 파마산 치즈를 뿌리고 바질을 약간 뿌려주세요. 마른 잎보다는 신선한 잎을 사용하도록 하세요.

220도에서 20분간 구워주세요. 오븐에 따라 온도의 차이가 있으므로 봐서 노릇노릇하게 구워지면 완성이에요.

17 신선함이 가득! 프레시~
모짜렐라 치즈 피자

우유의 고소하고 신선함이 그대로인 단백질이 풍부한 신선한 치즈로 만든 피자예요.

야채가 듬뿍 들은 피자라고 하면 생소하겠지만, 프레시 모짜렐라 치즈를 듬뿍 넣어 만든 피자라면 모양도 재미나고 맛도 상큼 발랄해서 다시 찾게 된답니다. 도우는 일주일 단위로 미리 만들어 1차 발효만 끝난 것을 랩으로 싸서 냉동실에 넣어 두면, 준비한 야채만 넣고 구워 바로 먹을 수 있어요.

재료
도우 180g
피자 소스 5Ts
노란색, 주황색 파프리카 각각 ½개
적색 양파 큰 것 ½개

체리토마토 15개
프레시 모짜렐라 치즈 1개 이마트에서 팔아요.
파마산 치즈 조금

1. 양파는 썰어 올리브유에 살짝 볶아 내세요.

2. 파프리카는 노란색과 주황색을 가늘게 채썰어 준비하세요.

3. 체리토마토는 반으로 잘라주세요.

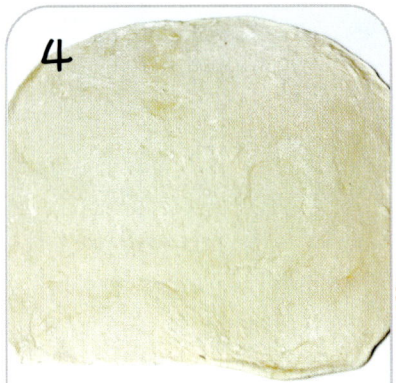

4. 도우는 밀대로 밀어 두께가 0.5cm 정도가 되게 하세요.

220도로 예열된 오븐에서 20~30분 정도 구워주세요.

5. (4)에 피자 소스를 바르고, 양파와 체리토마토를 올리고 치즈는 손으로 찢어 올려주세요. 파프리카와 파마산 치즈를 뿌리세요.

cook & cook : 명란 피자 만들기

도우 위에 1cm 두께로 명란젓을 다져서 골고루 올리고 파프리카 채 썬 것과 양파 토마토, 플래시 치즈를 올려 구우면 고소한 명란 피자가 완성됩니다.

cook & cook : 에그 피자 만들기

도우는 아주 얇게 만들어야 달걀이 익는 속도에 맞춰 먹을 수 있어요. 도우 위에 토마토 소스를 바르고 야채와 베이컨을 올린 다음 피자치즈를 뿌리고 위에 달걀을 깬 다음 오븐에 구워주세요.

> 유해활성산소를 없애 노화와 성인병을 막아주는 항산화작용이 뛰어난 카레는 암 예방에도 좋다고 합니다.

18 집에서도 쉽게 만드는 인도 음식
치킨 티카(Tika)

탄두르(Tandoor)라는 인도 고유의 화덕에서 구운 통닭을 탄두리 치킨이라고 해요. 인도 정통 레스토랑에서 난(Naan)과 함께 비싼 가격을 지불하고 먹었던 기억이 나네요. 그보다는 좀더 쉽게 만들 수 있는 것이 바로 살코기만으로 요리한 치킨 티카에요. 집에서 만든 플레인 요구르트에 여러 가지 양념을 넣어 만드는데, 이 중에서 강황이라는 노란색 가루가 요즘 뜨는 식품이죠. 울금 또는 터메릭(Turmeric)이라고도 하는데 장뇌삼의 향기와 쓴맛이 나는 강황의 약리 작용 때문에 여기 저기서 난리랍니다. 우리는 아이의 건강을 위해 사용해 볼까요?
여기서 사용하는 여러 향신료들도 다 건강에 좋다고 합니다. 좀 귀찮아도 다 갖추어 놓으면 여러 모로 쓸모가 많답니다.

재료 3인분

- 닭고기 가슴살 5개
- 플레인 요구르트 150ml 단맛이 나지 않는 것을 사용하세요.
- 마늘 다진 것 2ts
- 생강 다진 것 1ts
- 통후추가루 간 것 1ts
- 파프리카 가루 2Ts
- 넛맥 3ts 단맛과 아주 강한 맛이 나며, 주로 우유나 크림이 들어가는 요리에 사용하세요.
- 레몬즙 2Ts
- 강황 ½ts 많이 넣으면 쓰니까 조심하세요.
- 코리앤더 1ts 씨를 부셔서 사용하세요. 고수의 씨로 레몬의 향이 나고 약간 단맛이 나서 고기요리에 주로 사용하죠.
- 가람마살라(Garam Masala) 1ts 일곱 가지의 향신료를 섞어 만든 양념으로, 수입재료상에서 구입하거나 인터넷으로 구입하세요.
- 우유 100ml 생크림을 넣으면 훨씬 맛이 부드러워요.
- 통계피 1개 5cm 길이 정도
- 생강 조금
- 적색 양파 큰 것 1개 흰양파도 좋아요.
- 토마토 큰 것 1개 껍질을 벗겨 사용하세요.
- 토마토 퓨레 1Ts Hunts에서 나온 토마토 퓨레 캔을 사용하세요.
- 소금
- 올리브유 4Ts

1. 플레인 요구르트에 생강과 마늘 다진 것, 코리앤더, 강황, 가람마살라, 파프리카 가루와 레몬즙(½개)을 넣고 잘 섞어주세요.

2. 닭 가슴살을 (1)에 골고루 버무린 다음 양념이 배도록 냉장고에 한 시간 이상 두세요. 하루 전에 준비해도 좋아요.

3. 달군 팬에 올리브유를 두르고 통계피를 넣어 향이 우러나도록 1~2분 정도 볶은 다음 건져내세요.

cook & cook

간단 카레 만들기

재료) 닭 가슴살 2개(400g) | 양파 1개 | 다진 마늘 2쪽 | 올리브유 2Ts | 생크림 40ml | 토마토 페이스트 1Ts | 강황 ½ts | 큐민 ½ts | 소금 ½ts | 순 카레가루 1ts | 코리앤더 가루 ½ts

1. 팬에 올리브유을 두르고 다진 마늘을 볶다가 먹기 좋게 자른 양파와 닭가슴살을 넣고 노릇한 갈색이 날 때까지 볶아주세요.

2. (1)에 강화, 큐민, 소금, 순 카레가루, 코리앤더 가루, 토마토페이스트, 생크림을 넣고 끓이다가 닭고기가 다 익었으면 밥 위에 올려 먹으면 돼요.

4

잘 다진 양파를 (3)의 팬에 넣고 연한 갈색이 될 때까지 볶아주세요.

5

토마토 다진 것과 퓨레를 넣고 잘 볶아주세요.

6

재워둔 닭고기를 양념과 우유나 생크림을 넣고 중불에서 끓이다 불을 줄여 국물이 약간만 남게 졸여주세요 (40분 정도).

닭가슴살이 크면 가위로 잘라서 요리하세요.

7

밥과 함께 먹어도 되지만 아이들은 난에 싸서 먹는 것을 더 좋아한답니다.

cook & info

가람 마살라

마살라는 인도말로 '양념'이라는 뜻입니다. 약간 톡 쏘는 맛의 인도 전통 향신료인 흑 후추, 쿠민, 정향, 육두구, 코리안더, 계피, 강황을 섞어 놓은 것이지요. 주로 카레나 고기 요리에 많이 사용한답니다.

가람 마살라는 섞는다는 뜻이 있고 흑 후추, 큐민, 코리앤더 시나몬(계피), 강황, 터머릭이 들어 있는 인도의 허브 믹스에요.

cook & cook

고소한 치킨 카레 만들기

재료 닭가슴살 2개(400g) | 포도씨유 1Ts | 버터 60 g | 양파 작은 것 1개 | 마늘 1ts | 생강 1ts | 강황 ¼ts | 아몬드가루 2Ts | 칠리파우더 1ts | 껍질과 씨를 뺀 토마토 250g | 토마토 페이스트 1Ts | 플레인 요구르트 1TS | 소금과 후춧가루 조금

1 먹기 좋게 자른 닭가슴살은 소금으로 간해서 포도씨유에 노릇노릇하게 구워서 준비해 놓으세요.
2 달군 팬에 버터를 녹여 중불에서 다진 마늘, 다진 생강, 다진 양파 순으로 넣어 잘 볶은 다음, 강황, 아몬드가루, 칠리파우더, 채 썬 토마토, 토마토 페이스트와 요구르트를 넣고 뭉근히 끓여주세요.
3 (2)의 팬에 구워 놓은 닭 가슴살을 넣고 소금과 후춧가루로 간을 하면 완성!

성장기 아이에게 필요한 단백질이 풍부해요.

19 꼭꼭 숨어라! 날치알 보일라
날치알 돼지고기말이

아이들이 좋아하는 날치알을 돼지고기에 싸서 만든 요리에요. 생강즙에 재운 돼지고기 맛이 날치알의 맛을 한층 더 살려준답니다. 만드는 방법도 생각보다 간단하구요. 만들어 놓고 냉동실에 저장했다가 먹어도 돼요.

재료
돼지고기 불고기용 8×12cm 크기 10개
날치알 체에 밭쳐서 물을 빼주세요.
연근가루 고기를 묻힐 정도면 돼요. 두레생협에서 구입할 수 있어요.
참기름 1ts ts = tea spoon = 작은술 = 양식기중 찻수저 크기
생강 1ts

소금과 후춧가루 조금 엄지와 검지로 집어든 정도의 분량이에요.

1. 돼지고기는 불고기용을 사서 8×12cm 크기로 잘라주세요. 지방과 힘줄은 제거해 주세요. 아이가 먹어야 하니 질기면 안 되겠죠!

2. 돼지고기는 다진 생강과 소금, 후추, 참기름을 넣고 재워 놓으세요.

3. 재워 놓은 고기는 생강 건더기를 빼주고 잘 편친 다음, 날치알(1Ts)을 넣고 양끝을 잘 막아 가면서 돌려서 말아주세요.

4. 말아 놓은 고기는 연근가루에 잘 묻혀주세요. 연근가루는 약간 단맛이 있어 구웠을 때 더 맛있어요.

살짝 눌렀을 때 단단함이 느껴지면 속까지 다 익은 것입니다.

5. 기름 두른 팬에 고기를 올리고 노릇노릇하게 구워주세요. 돼지고기니까 완전히 익혀야 돼요.

cook & info : 날치알 돼지고기말이 접시에 예쁘게 내기

어슷썰기해서 내고, 남은 것은 익힌 것을 냉동 보관하세요. 단 4일 안에는 다 먹도록 하세요.

> 단백질과 칼슘이 많은
> 우리 아이키 크기 음식.
> 타우린이 풍부한 새우는
> 항산화작용도 뛰어나
> 답니다.

20 명태와 새우가 듬뿍!
생선살 튀김

생선살과 새우를 이용해 아이를 위한 생선튀김을 만들어 볼까요? 질 좋은 생선과 새우를 단맛과 향이 있는 연근가루와 함께 버무려서 튀겨주면 아이들 밥 반찬으로 그만이에요. 간장에 찍어 먹거나 스윗 앤 사우어 소스에 찍어 먹어도 좋아요.

재료
- 명태살 150g
- 새우 100g
- 연근가루 10g
- 우리밀 통밀가루 5g
- 소금 ¼ts
- 마스코바도 설탕 ½ts
- 물 2Ts
- 당근 50g 작은 것 글개, 잘게 다져주세요.
- 흰 후춧가루 조금 주재료가 색이 옅으니 흰 후추를 사용하는 것이 좋겠죠. 아이에게 자극적이지 않아서 좋아요.

1. 명태살을 준비하세요. 싱싱한 것이 없다면 포로 떠서 냉동된 제품을 사용하세요.

2. 믹서에 명태살, 연근가루, 우리밀 통밀가루, 소금. 설탕, 물을 넣고 갈아주세요.

내장을 제거하지 않으면 모래같은 것이 씹힐 수 있어요.

3. 새우는 등쪽의 내장을 나무꼬치를 이용해서 제거한 다음, 약간 크게 칼로 다져주세요.

4. (2)와 새우, 다진 당근을 잘 섞고, 후춧가루를 넣은 다음 한입 크기로 빚어주세요.

5. 포도씨유를 넣고 180도에서 튀겨주세요.

6. 사진처럼 노릇하게 튀겨주세요. 생선 벨루테 소스나 간장 소스에 찍어서 먹으면 돼요.

21 아이들과 손님놀이에 제격!
새송이말이 꼬치

대표적 알칼리 식품인 버섯! 콜레스테롤의 축적을 막아주는 고마운 음식이죠.

느타리버섯 종류인 새송이버섯의 맛은 송이와 비슷하고 수분 함량은 다른 버섯보다 적어 저장도 용이하고, 색다른 조리법에 이용하기도 쉽답니다. 버섯의 쫄깃함을 이용해 버섯 안에 돼지고기를 싸서 꼬치를 만들어봐요. 모양도 아주 예쁘고 밥 반찬으로도 아주 좋아요. 꼬치는 먹기도 쉽고 밥 투정하는 아이의 흥미도 쉽게 끌 수 있을 거에요.

재료 새송이 2개 굵고 큰 것을 골라 사용하세요.
돼지고기 100g 안심으로 지방이 없는 부분을 사용하세요.
피망 1개 홍피망이나 파프리카 쪽파를 넣어도 좋아요.
굴소스 1ts
간장 1ts

마스코바도 설탕 1ts
참기름 ½ts
후춧가루 조금 통후추를 바로 갈아서 먹으면 향이 아주 좋아요.

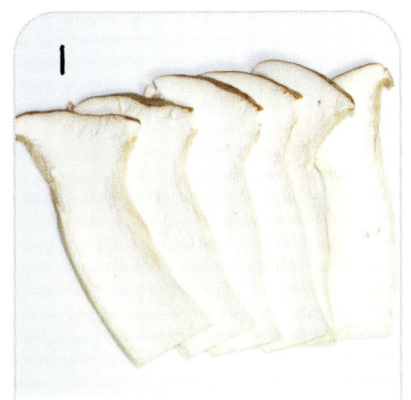

1. 새송이버섯은 0.5~0.6cm 정도의 두께로 세로로 잘라주세요.

2. 돼지고기는 가늘게 채썰어 분량의 간장, 굴소스, 후추를 뿌려 미리 재워주세요.

3. 피망은 반을 갈라 씨를 빼고, 위와 아랫부분을 잘라내고 몸통부분을 뒤집어서 채를 썰어주세요. 가늘게 썰어야 아이가 먹기 편해요.

돼지고기가 서로 달라붙거나 구부러지지 않게 곧게 볶아져야 말 때 편해요.

4. 재워둔 돼지고기는 살짝 기름을 두른 팬에 중불에서 빨리 볶아주세요. 계속 젓가락으로 뒤섞으며 볶아야 타지 않아요.

5. 새송이버섯은 팬에 분무기로 물을 뿌린 후 약한 불에서 부드럽게 될 때까지 살짝 구워주세요. 그래야 버섯의 하얀색이 유지된답니다.

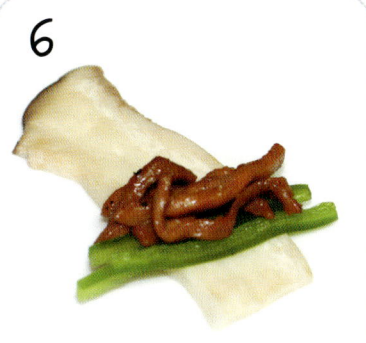

6. 재료들이 다 준비되었으면 한 곳에 두고 말이를 말도록 해요.

7

새송이 위에 피망과 돼지고기를 올리고 둥글게 만 다음 꼬치에 끼워주세요. 꼬치 하나에 5개 정도 만들어 끼워주면 돼요.

8

달구어진 팬에 꼬치를 올려 참기름을 발라 살짝 구우면 완성! 먹기 직전에 구워야 맛있답니다.

cook & info

술안주로는 이렇게!

청피망 대신 고추나 청양고추를 넣고 고기도 고추기름에 볶으면 알싸하게 매운 꼬치 요리가 될 거에요.

cook & cook

집에 있는 버섯을 이용한 버섯 쇠고기 덮밥 만들기

재료 (2인분) 버섯(양송이, 새송이, 표고버섯 등) 3개 정도 | 쇠고기 200g | 양파 작은 것 1개 | 물 3컵 | 가다랭이 10~15g | 간장 3Ts | 설탕 3Ts | 요리술 1Ts | 화이트와인 1Ts

1 먼저 가다랭이 소스를 만들어 볼까요?(백간장이 있다면 백간장과 물을 섞어서 만들어도 돼요) 물이 끓으면 가다랭이와 다시마를 넣고 한 소끔 끓인 다음 건져내고 간장, 설탕, 요리술, 화이트와인을 넣어 달작지근하게 만들어 두세요(가다랭이는 오래 끓이면 비린내가 나므로 끓는 물에 넣고 불을 끈 다음 30초 정도 놔뒀다가 걸러내 주세요).

2 쇠고기와 양파, 버섯은 먹기 좋게 잘라 놓고 팬에 올린 다음 만들어 둔 가다랭이 소스를 붓고 끓이세요. 다 끓으면 달걀을 넣고 반숙 정도 익으면 밥 위에 올려서 먹으면 돼요.

22 바다가재보다 더 맛있는
아귀 꼬치구이

아귀는 못생겼지만 어느 것 하나 버릴 게 없는 생선이에요. 그 중에서도 꼬리부분의 흰 살은 바닷가재살과 비슷해서 쓰임새가 많은 재료죠. 아귀 한 마리를 사서 윗부분은 아빠를 위해 아귀탕이나 아귀찜을 하고, 꼬리살은 아이를 위해 간식을 만들어봐요. 먹기 쉽게 꼬치로 만들어서 아이에게 주면 아주 특별한 음식이 될 거에요.

> 아귀는 고단백으로 성장기 아이들에게 아주 좋고, 껍질부분의 레티놀은 소화기와 호흡기 건강에 아주 좋아요. 성인병 예방에도 good!!

재료

아귀 꼬리부분살
양송이 5~6개
양파 ½개
청피망 ½개
홍피망 ½개

레몬 ½개 *즙을 내서 준비해 주세요.*
월계수잎 5장
엑스트라버진 올리브유 2Ts
소금 조금 *엄지와 검지로 집는만큼*
후추 *통후추를 갈아서 사용하면 향이 좋아요.*

1. 아귀를 살 때 꼬리부분에서 이등분 하고 머리부분은 찜용으로 잘라 달라고 하세요. 이 부분으로 아귀찜을 하세요.

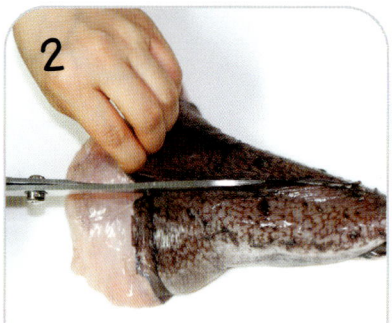

2. 가위를 이용해서 등지느러미 사이로 가위집을 내주세요.

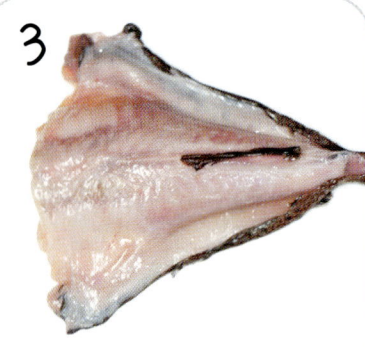

3. 손으로 껍질을 벗겨내세요. 쉽게 되는데 미끄럽다면 천으로 잡고 하면 돼요.

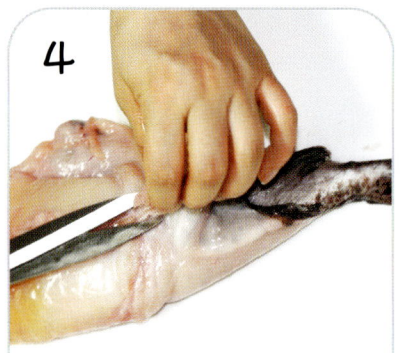

4. 바로 밑의 미끈거리는 속껍질 역시 가위집을 내주세요.

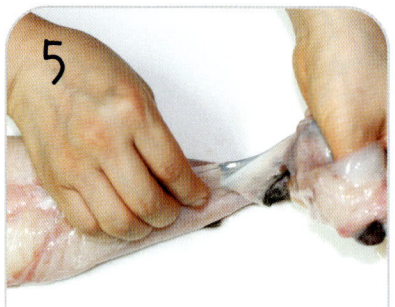

5. 한 번에 꼬리쪽으로 잡아당겨 제거 하세요.

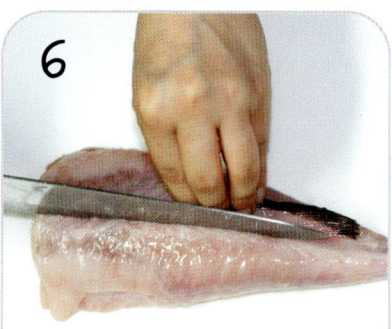

6. 등지느러미 사이로 칼을 사용해서 살을 발라내세요. 중앙의 큰 뼈만 있어서 쉽게 할 수 있어요.

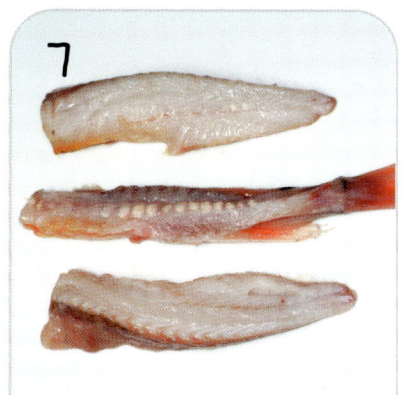

7

뼈를 발라내고 나면 어린 아이도 먹기 좋답니다.

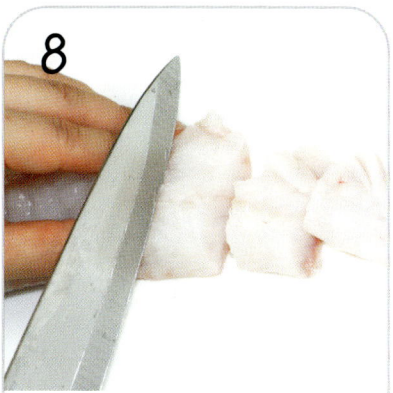

8

꼬치용이니 사각형으로 4cm 정도 크기로 잘라주세요.

9

양송이, 양파, 청피망, 홍피망은 서로 크기가 같게 잘라주세요. 아귀살보다 작게 잘라야 나중에 구웠을 때 서로 크기가 같아져요.

10

그릇에 아귀살과 준비한 야채를 넣고 레몬즙, 올리브유, 월계수잎, 소금과 후추를 넣고 섞은 다음 간이 배게 20~30분 정도 두세요.

11

20cm 길이의 나무꼬치에 순서대로 꽂아서 예열된 그릴에 10분~13분 정도 구워주세요.

cook & cook : 아귀찜이나 생선매운탕을 할 때 필요한 양념장 만들기

고춧가루 3 : 다진 마늘 1 : 다진 생강 ⅓ : 청주 1 : 간장 1 : 설탕 ⅓의 비율로 잘 섞어 냉장고에 숙성시켜 얼큰한 국물을 낼 때 사용하세요. 일주일 이상 숙성이 되어야 맛이 잘 어우러져요.

cook & cook : 남은 윗부분으로 아귀찜 만들기

1. 숙주나물 300g은 살짝 데치고, 미나리 ⅓단, 대파 1단, 홍고추는 먹기 좋게 썰어주세요. 미더덕은 소금물에 씻고 꼬치로 작은 구멍을 내주세요.
2. 팬에 아귀와 물 1컵을 부어 끓이다가(20분 정도) 국물 5Ts 정도만 남겨 주고 녹말가루나 찹쌀가루를 넣어 되직하게 한 다음 참기름 1ts을 넣어 접시에 담아 내세요.

23 카레향 속에 상큼한 소스의 어우러짐,
아귀 소스 무침

아귀는 열량은 낮고 단백질 함량이 높은 생선이랍니다. 아이의 비만이 걱정된다면 아귀 많이 먹이세요.

아귀요리 2탄이네요. 아귀는 각 부위의 맛이 서로 달라서 같은 생선이라는 사실에 가끔 놀랍기도 해요. 신선한 아귀를 구입했을 경우에는 간도 요리하는데, 아귀 간이 푸아그라만큼이나 영양이 풍부하다고 하니 새삼 놀랍죠. 간만큼은 아니지만 단백질로는 부족함이 없는 꼬리부분의 살로 하는 튀김을 만들어 보아요. 은은한 카레향에 새콤달콤한 소스가 어우러져 맛있는 밥 반찬이 될 거에요.

재료

- 아귀꼬리살 1개 아귀를 손질할 때 나오는 꼬리살 한쪽
- 화이트 와인 1Ts
- 소금, 후춧가루 조금
- 카레가루 ½ts 전분이 들어간 카레가루가 아닌 순카레가루를 사용하세요.
- 연근가루 3Ts 지혈 작용에 좋은 연근가루는 두레생협에서 구입할 수 있어요.
- 포도씨유 튀길 때 사용할 것. 발연점이 높고 향이 진하지 않아 튀김 요리에 적합합니다.
- 완두콩 2Ts 익힌 것을 사용하세요.
- 옥수수알 2Ts 찐 옥수수를 사용하세요.
- 스윗 앤 사우어 소스 200ml

1. 아귀살에 화이트 와인을 뿌리고 소금과 후춧가루로 간을 해주세요.

2. 카레가루를 뿌려서 골고루 향이 배도록 해주세요.

3. 연근가루를 넣고 아귓살과 잘 어울리도록 반죽해 주세요.

4. 포도씨유로 아귀살을 하나씩 튀겨내세요. 튀긴 것은 기름을 빼 놓으세요.

스윗 앤 사우어 소스는 58쪽의 만들기를 참고하세요.

5. 팬에 스윗 앤 사우어 소스, 옥수수알, 삶은 완두콩을 넣고 한 번 끓여 주세요.

6. (4)의 튀겨 놓은 아귓살을 넣고 살짝 볶은 후 그릇에 담아주세요.

성장기 아이를 위한 요리예요. 소스에 들어간 토마토에는 리코펜이 풍부해 암을 예방해요.

24 현미밥과 같이 먹는 달콤 상큼
치킨볼

스윗 앤 사우어(sweet and sour)! 요즘 들어 많이 듣는 단어인 것 같아요. 슈퍼마켓에 가도 스윗 앤 사우어 소스가 있고, 레스토랑에도 사우어 크림, 소스…… 외국에 있는 중국 요리 메뉴에도 잔뜩 들어 있답니다. 식욕을 자극하는 맛 중에 신맛도 아주 중요하다고 하는데, 여기에는 단맛과 신맛이 골고루 들어가 있어 밥 투정하는 우리 아이들 여름철 식단에 딱인 것 같아요. 동글 동글 치킨볼을 만들 땐 아이들도 같이 하면 더 좋아할 거예요.

재료

- 닭고기 300g 살만으로 준비하세요.
- 마늘 1쪽 으깨주세요.
- 사과 반 개 껍질과 씨를 제거하고 갈아주세요.
- 양파 1개 중간 크기로 아주 곱게 다져주세요.
- 쪽파 다진 것 1Ts
- 강황 아주 소금 엄지와 검지로 약간 집어서 넣으세요. 몸에 좋다고 많이 넣으면 쓴맛이 나니까 주의하세요.
- 화이트 와인 2ts 냄새를 제거해요.
- 소금 ½ ts 너무 짠 맛소금 말고 천일염을 넣거나 없으면 반으로 줄여서 넣어주세요.
- 후추 조금 통후추를 갈아서 넣으면 조금 만 넣어도 향이 신선해요.
- 현미빵가루 조금 치킨볼이 너무 질척거리면 넣을 것이므로 조금만 준비하세요.
- 포도씨유 2Ts 치킨볼을 익힐 때 사용할 기름이에요. 치킨볼을 만들 때 넣어서는 안 돼요.

소스

〈치킨 볼 소스〉

- 토마토 1⅓개 껍질과 씨는 제거하고 다져서 준비해주세요.
- 화이트 와인 식초 1Ts white wine vinegar 화이트 와인으로 만든 식초로, 산뜻하여 소스 만들 때 많이 사용해요.
- 마스코바도 설탕 3Ts 전통방식으로 만든 설탕으로, 색이 갈색이고 입자가 고르지 않지만 미네랄이 많고 맛이 좋아요. 상점에서 살 수 있어요.
- 간장 2Ts | 토마토 페이스트 3Ts | 청주 1Ts | 옥수수전분 1Ts 물 2Ts에 개어서 준비하세요. | 생강즙 1ts

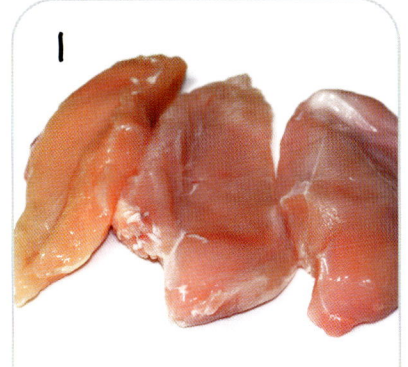

1. 닭고기는 가슴살로 준비해 주세요.

2. 닭고기는 분쇄기에 넣고 소금과 후춧가루를 더해 곱게 갈아주세요.

3. 다진 닭고기에 나머지 재료를 넣고 반죽합니다. 현미빵가루로 찰기를 조절합니다. 냉장고에서 꺼내 지름 1.5cm 정도로 둥글게 볼을 만드세요.

반죽한 것은 냉장고에 30분 이상 두세요.

쉽게 양파 다지는 법

반으로 가른 양파는 0.5cm 간격으로 손으로 잡은 부분은 빼고 세로로 자르고, 가로로 칼집을 세 번 정도 넣은 다음 위에서 아래로 잘라 주세요. 자세한 설명은 112쪽에 있어요.

3

토마토는 꼭지를 제거한 다음 윗부분에 십자로 칼집을 내고 끓는 물에 데치면 사진처럼 쉽게 껍질을 벗길 수 있어요.

4

반으로 갈라서 숟가락으로 씨를 제거한 뒤 곱게 다져주세요.

5

다진 토마토를 넣고 화이트 와인식초를 뺀 나머지 재료를 넣고 5분 이상 저어가면서 끓여주세요.

> 와인식초를 넣고 전분을 넣어 걸쭉하게 끓이세요.

5

팬에 포도씨유를 넣고 치킨볼을 굴려가며 익힙니다. 종이 타월에 익힌 치킨볼을 올려 기름을 빼고 소스를 뿌려 먹어요.

> 중불에서 약 10분 정도 닭고기가 충분히 익도록 볶아주세요.

cook & info

아이를 위해서는 닭의 어떤 부위를 요리하는 것이 좋을까요?

- 닭가슴살은 흰색으로 지방이 매우 적어 맛이 담백하지만 좀 퍽퍽하죠. 주로 회복기 환자나 어린이 영양 간식에 적합할 뿐만 아니라, 열량 섭취를 줄이고도 영양균형을 이룰 수 있어 다이어트 하는 사람에게 더욱 좋아요(치킨 샐러드나 스테이크, 겨자무침 등).
- 다리살은 붉은빛이 나고, 지방과 단백질이 조화를 이루어 쫄깃쫄깃해요. 활동이 많은 성장기 아이들에게 아주 좋은 에너지원이지요(튀김, 양념찜 등).
- 날개는 살은 적으나 뼈 주위에 팩틴질이 많아 육수를 만들면 감칠맛이 있고, 피부 노화를 방지하고 피부를 윤택하게 해주는 콜라겐(collagen) 성분이 다량 함유되어 있어요(조림, 튀김, 찜 등).
- 모래주머니(근위)

다른 육류의 내장과 마찬가지로 영양가가 풍부해요. 지방은 없고 단백질이 많으며, 비타민 B와 철분이 많이 들어 있고 쫄깃쫄깃해 씹는 맛이 좋아요(구이, 볶음 등).

25 밥이 술술!! 입맛 돋우는
대합구이

양질의 단백질과 칼슘이 풍부하고 피로 회복에 특히 좋은 음식이에요.

원래 이름은 '개조개'이지만 대합이라고도 하는 큼직한 이 조개는 여러모로 쓸모 많고 영양도 많답니다. 껍질은 그릇으로 쓰고 살로는 맛있는 요리를 만들어 밥과 먹으면 열 반찬이 부럽지 않아요. 쫄깃한 조갯살은 입맛을 돋우는데 그만이죠. 싱싱하게 살아 있는 대합을 사는 것이 우선이고, 요리할 때는 너무 푹 익히지 않도록 해야 합니다. 조갯살이 너무 질겨지거든요. 아이한테도 좋지만 항상 피곤한 아빠에게는 더더욱 좋은 음식이에요.

재료

- 개조개(대합) 1개
- 청, 홍피망 각 ½개씩
- 다진 마늘 1ts
- 포도주 1ts
- 토마토 ½개
- 모짜렐라 치즈 80g
- 파마산 치즈 ½ts
- 빵가루 1TS
- 새우 조금 *소금물에 데쳐서 준비하세요.*
- 소금, 후춧가루 조금
- 올리브유 조금 *조리용 올리브유를 사용하세요.*

1. 대합은 찬물에 넣어 해감시켜 놓으세요.

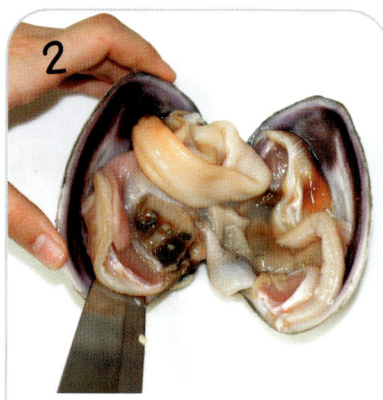

2. 칼로 대합의 입을 벌려서 살만 발라주세요. 대합의 입은 아주 단단히 닫혀 있으니 손이 베이지 않게 조심하면서 열어야 해요.

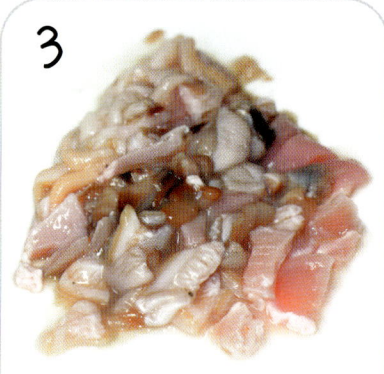

3. 발라낸 살은 먹기 쉽게 다져 놓으세요.

4. 토마토, 청피망, 홍피망은 다져서 준비해 놓으세요.

5. 팬에 올리브유를 두르고, 다진 마늘을 볶다가 (4)를 넣고 30초 정도 볶아주세요.

6. (5)가 잘 볶아졌으면 조갯살을 넣고 와인과 소금, 후추를 넣어 센 불에서 신속히 볶아내세요.

7 껍질은 깨끗이 씻은 후 안에 빵가루를 뿌리고 위에 데친 새우를 3~4개 정도 올리세요.

재료가 빠져 나오지 않게 손으로 잘 눌러 주세요.

8 (6)을 반 씩 나눠서 조개껍질에 집어넣은 후 위에 파마산 치즈를 뿌리고 모짜렐라 치즈를 올려주세요.

9 200도로 예열된 오븐에서 10분간 구워주세요. 오븐이 없다면 그릴에서 5분 정도, 팬에서는 뚜껑을 닫고 10분간 익혀주세요.

---

cook & cook

지친 아빠를 위한 대합 구이

 대합 1개 | 다진 홍고추 ½개 | 다진 청고추 ½개 | 다진 마늘 1쪽 | 다진 양파 1/5개 | 고춧가루 ½ts | 볶은 깨 조금

1. 손질한 대합을 다지고 나머지 재료와 섞은 다음, 대합 껍데기 안쪽에 각각 나눠서 넣어주세요.
2. 석쇠에 올려놓고 바글바글 끓여서 밥에 비벼서 먹으면 맛있어요.

---

cook & cook

영양 가득 아이를 위한 대합죽 만들기

 (2인분) 대합 1개 | 불린 쌀 1컵 | 물 5~6컵 | 호박과 당근 조금 *대합 양의 ½ 정도* | 참기름 | 소금 조금

1. 소금물에 깨끗이 씻은 대합은 잘게 다져서 준비하세요.
2. 믹서에 쌀과 물 1컵 정도를 넣고 쌀알이 ½ 정도 되게 갈아주세요.
3. 냄비에 참기름을 조금 두르고 개조개와 호박, 당근 다진 것을 넣고 볶다가 (2)를 넣고 같이 볶은 다음 나머지 물을 붓고 끓이세요.
4. 쌀알이 완전히 퍼지도록 약한 불에서 끓인 다음 소금으로 간을 하면 완성!
5. 그릇에 담아낼 때는 달걀 노른자를 올리고, 깨소금과 다진 쪽파를 뿌려주면 더 좋아요.

2. 우리 아이 성장을 위한 고기와 생선요리

아이의 성장에 꼭 필요한 것이 바로 단백질이에요. 양질의 단백질을 보충하기 위해서는 한 가지 식품만을 집중적으로 먹이기 보다는 쇠고기, 돼지고기, 닭고기, 생선 등을 골고루 먹여야 해요. 물론 식물성 단백질도 좋지만 아이의 성장을 위해서는 지방이 제거된 육류와 DHA가 풍부한 등 푸른 생선도 꼭 섭취해야 해요. 단백질뿐만 아니라 쇠고기에는 아연과 철분이 풍부하고, 돼지고기는 인과 칼륨이 풍부해요.

26 통겨자를 바른 특별한 쇠고기 요리

쇠고기는 아연과 철분이 풍부하고 단백질도 우유보다 많이 함유되어 있어요. 아이의 성장을 위해서는 꼭 필요한 음식이에요.

'통겨자씨를 바른 쇠고기'라고 하면 생소한 음식이라고 생각하겠지만 쉽게 말해 고기에 양념해서 오븐에서 구운 것이라 보면 됩니다. 이번에 소개하는 방법대로 요리하면, 근사한 양식의 메인 메뉴나 아니면 얇게 저며 샌드위치에 햄이나 베이컨 대신 넣으면 첨가제 걱정 없는 우리 아이의 훌륭한 먹거리가 되겠죠! 통겨자씨(Whole Grain Mustard)는 디종 겨자라고도 하는 것을 사용하면 되는데, 톡 쏘는 맛이 식욕을 돋우는 데 그만이랍니다.

재료 3인분

쇠고기 800g 사태나 안심 덩어리고기를 사용하세요.
통겨자씨 다종 겨자라고 부르며 요즘은 마트에서 쉽게 구할 수 있어요.
천일염 100g
달걀 흰자 1개
타임 ½ts 향이 좋아 고기 요리에 많이 사용해요.
로즈마리 ½ts 톡 쏘는 맛과 향이 고기 요리에 그만이죠.
오레가노 ½ts 꽃박하라고도 하며 상큼한 박하향이 좋아요.

1

디종 겨자 또는 Whole Grain Mustard에요. 원산지는 프랑스이고 음식 재료상이나 마트에서 살 수 있어요. 저는 주로 인터넷에서 구입해요.

2

쇠고기에 통겨자씨를 골고루 발라주세요.

3

통겨자씨를 바른 고기 위에 타임, 오레가노, 로즈마리를 뿌려 잘 발라주세요.

4

팬에 올리브유를 1ts 정도 부은 후 센 불에서 쇠고기의 겉만 갈색이 나게 익혀주세요.

5

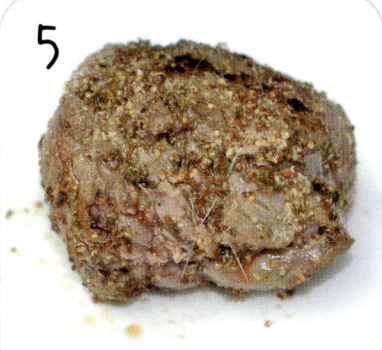

겉만 익힌 고기는 무명실로 꼭꼭 힘주어 모양을 잡아서 묶어주세요. 매듭을 지을 필요는 없고 실로 힘주어 돌려주면 돼요.

6

소금 반죽이 고기에 잘 붙지 않으면 소금과 달걀 흰자를 잘섞어 반죽한 것을 고기에 바르세요.

천일염에 물을 반 컵 붓고 소금 반죽을 만든 다음 고기에 발라주세요.

7. 흰자를 풀어 요리붓으로 소금을 바른 고기에 발라주세요. 그래야 소금 반죽이 굳어져서 떨어지지 않아요.

레어(Rare) 10~15분, 미디움(Medium)은 20~30분, 웰던(Welldone)은 40분 정도 구우면 돼요. 보통 아이들은 잘 익은 것을 좋아하니 40분은 구워야 할 것 같네요.

8. 종이 호일을 깐 오븐 용기에 고기를 담고 200도로 예열된 오븐에서 15~40분 정도 구워주세요.

9. 오븐에서 꺼낸 고기는 겉의 소금 껍데기를 떼어내고 실을 제거해 주세요.

8. 고기를 얇게 저며서 데미글라스 소스를 뿌려 먹거나 바게트 빵으로 샌드위치를 만들어 먹어도 좋아요.

cook & cook : 고기와 같이 먹을 간단 감자 그라탕 만들기

재료 (3인분) 감자 3개 큰 것 | 우유 200ml | 생크림 200ml | 다진 마늘 ⅓ts | 넛맥 ⅓ts | 소금, 후추 조금 *항상 간은 약하게 하세요. 건강을 위해서요.*

1. 감자는 2~3mm 두께로 얇게 저민 다음 오븐 용기에 차곡차곡 넣어주세요.
2. 소스 팬에 우유, 생크림, 넛맥, 소금, 후추, 마늘을 넣고 끓인 다음 감자에 부어주세요. 감자 사이 사이에 잘 섞이도록 해야 합니다.
3. 200도로 예열된 오븐에서 40~50분 정도 구워주세요.
4. 칼로 모양을 낸 다음 고기 옆에 야채와 같이 내세요.

27 갈비탕
몸이 허할 때 영양 듬뿍!

별다른 요리법을 알지 못해도 쉽게 끓일 수 있는 갈비탕! 밖에서 사먹지 말고 여름철 보양식으로 아이들에게 직접 만들어주세요. 요즘 시판되는 갈비탕의 대부분은 불결한 환경에서 만들어진 것이라는 보도를 볼 때마다 먹는 것에 더 신경을 써야겠다는 생각을 하게 됩니다. 여기서는 무 대신 대파를 사용하므로 갈비탕인지 뭇국인지 헷갈리지 않는답니다.

> 갈비탕에 들어가는 인삼은 오장을 보하고 정신을 안정시켜줄 뿐만 아니라 눈을 밝게 하며 두뇌 발달에도 좋아요!

재료 3~4인분

국갈비 800g 한우 국거리를 구입하세요.
물 1L
대파 5대 흰쪽만 사용하세요.
수삼 1~2뿌리 작은 것
대추 5~6개

소금 천일염이나 볶은 소금, 맛소금은 너무 짜니까 맛을 보면서 사용하세요.

1
갈비는 찬물에 깨끗이 씻은 후 찬물에 담가 핏물을 빼주세요. 20~30분 정도면 돼요.

2
찬물 9~10컵을 부은 다음 갈비를 넣고 끓여주세요.

3
대파는 흰 부분으로 12cm 정도 길이로 썰어 (2)에 넣어주세요. 대파는 고기의 잡냄새를 없애고 국물의 감칠맛을 더해줍니다.

4
센 불에서 뚜껑을 열고 끓이다 어느 정도 끓으면 뚜껑을 닫고 약한 불에서 1시간~1시간 30분 정도 뭉근히 끓여주세요. 소금 1ts를 넣으세요.

5
면보에 받쳐서 깨끗한 국물만을 받아내어 국물에 익은 갈비와 새 대파, 대추, 수삼을 넣고 소금 간을 약하게 한 다음 다시 끓여주세요.

찌꺼기가 몸에 나쁘지는 않지만 국물이 깨끗해야 먹기도 좋으니 힘들더라도 깨끗한 면보를 사용해서 명품 갈비탕을 만들어보세요.

6
마지막 소금 간은 여기서 하지 말고 먹을 때 각자 취향에 맞게 하도록 하세요. 뜨거울 때 간을 하면 국이 짜지므로 주의하세요.

28 뜯는 맛이 일품인
베이비 립

허약한 아이에게 특히 좋은 돼지고기는 단백질 함량이 소고기보다 높고 비타민 B군도 많이 함유되어 있어요.

패밀리 레스토랑에 가야 쉽게 먹을 수 있는 베이비 립이 요즘은 마트에서도 쉽게 구할 수 있어요. 냄새도 덜하고 살도 많아서 아이들이 좋아하는데, 집에서 만든 소스에 재워서 직접 구워 먹는 것이 파는 것보다는 더 위생적이고 좋겠죠. 그리고 가격도 싸니까 일석이조구요! 처음엔 귀찮아도 하다보면 쉽답니다.

재료 2인분	베이비 립(등갈비) 300g 올리브유 1ts 마스코바도설탕 1ts	바질 ¼ts 요리술 2 Ts 청주도 좋아요.

소 스	〈양념 소스〉 닭 육수 2컵 ｜ 토마토 페이스트 4Ts ｜ 우스터 소스 2Ts ｜ 적포도주 4Ts ｜ 마스코바도 설탕 3Ts ｜ 간 양파 4Ts

1 등갈비는 1인 분량으로 반으로 잘라 주세요. 아이들한테는 150~200g이 적당해요.

하루 전날 재워 두어도 좋아요.

2 등갈비에 올리브유와 설탕, 바질, 요리술을 넣고 30분 이상 재워주면, 잡냄새는 없어지고 고기는 연해진답니다.

뚜껑은 열어둔 채로 계속 저어주면서 졸여주세요.

3 양념 소스 재료를 소스 팬에 넣고 끓기 시작하면, 약불로 줄여 양이 반 정도가 될 때까지 졸여주세요.

4 소스가 다 완성되었다면 약간 식힌 다음 고기에 발라주세요. 요리붓을 사용하면 쉽게 할 수 있어요.

5 김이 오른 찜통에 고기를 넣고 20~25분 정도 쪄주세요. 그래야 양념도 잘 배고, 그릴에 구울 때 속이 안 익고 겉만 타는 실수를 줄일 수 있어요.

6 그릴에서 20~30분 정도 구워주는데, 이때 2번 정도 붓으로 소스를 발라주어야 색도 진해지고 간도 알맞게 돼요.

29 쑥쑥 크는 우리 아이 건강 보양식
로스트 치킨

성장에 꼭 필요한 영양분인 단백질과 피부에 특히 좋은 콜라겐 성분이 다량 함유되어 있어요.

전화만 걸면 바로 배달해주는 닭 요리들을 집에서는 잘 요리해 먹지 않게 되지만, 주문할 때는 항상 깨끗한 기름을 쓰는지 기름 범벅 때문에 살찌지는 않을지 걱정됩니다. 그런 근심걱정 없이 맘 편히 먹을 수 있는 것이 바로 로스트 치킨이에요. 오븐에서 구워서 그나마 없는 닭의 남은 지방도 쪽 빼주고, 여러 야채가 닭의 풍미를 한층 더 높여준답니다. 닭과 함께 구워 먹는 사과도 맛이 아주 그만이랍니다.

재료

- 닭 큰 것 1마리
- 샐러리 1대
- 대파 1대
- 당근 큰 것 ½개
- 양파 큰 것 1개
- 마늘 5개
- 생강 마늘과 같은 양으로 준비하세요.
- 올리브유
- 소금과 후춧가루
- 사과 1개 씨만 제거하고 8등분해 놓으세요.

1. 닭은 큰 것을 준비해 깨끗이 씻은 후 물기를 종이 타월로 닦아내고 닭의 겉과 속에 소금과 후춧가루를 뿌려 놓으세요.

2. 요리붓을 사용해서 올리브유를 닭 전체에 골고루 발라주세요.

3. 야채는 다듬어서 한 입 크기로 잘라서 기름을 바른 닭 속에 넣으세요. 야채는 익으면 부피가 줄어드니까 아주 듬뿍 꼭꼭 눌러가며 넣어주세요.

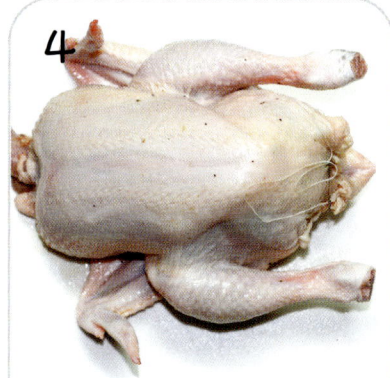

4. 무명실과 바늘을 사용해서 입구를 꿰매주세요. 그래야 야채들이 빠져나오지 않아요. 살까지 함께 깊게 꿰매세요. 그래야 터지지 않는답니다.

5. 오븐 용기에 올리브유를 바른 후 닭을 넣고, 야채와 사과를 주위에 넣어주세요. 250도로 예열된 오븐 중간 단에 넣어 1시간 정도 구워주세요.

6. 굽는 중간에 오븐 용기 바닥에 생긴 야채국물을 숟가락으로 떠서 닭 위에 뿌려주고 다시 오븐에서 구워주세요.

> 오븐의 종류에 따라 시간은 약간씩 달라지니 처음에는 오븐 안을 보면서 닭이 익는 정도를 조절하세요.

30 닭봉찜

찜 요리로 승부한다!!

콜라겐이 풍부해서 피부와 뼈 건강에 특히 좋아요.

닭 부위 중 날개 쪽에서 어깨 부위를 닭봉이라고 해요. 지방은 별로 없지만 의외로 살도 많고 쫄깃한 육질 때문에 아이들이 특히 좋아하는 부위지요. 양념한 닭봉을 찜통에서 찌면 아이들과 쉽게 친해지는 메뉴가 될 거에요. 밥 반찬으로도 아주 좋구요. 저는 도시락 반찬으로 자주 하는데, 딸내미 말이 식어도 맛에는 변함이 없다고 하네요.

재료 닭봉 10~12개 날개 쪽의 어깨부위가 살이 많고 쫄깃해요.
화이트 와인
굴소스 3Ts
설탕 3Ts
간장 1Ts

참기름 1ts
생강 1쪽 가늘게 채썰어주세요.
마늘 3~4개, 가늘게 채썰어주세요.
파 가늘게 채썰어주세요.

1. 닭봉에 잡냄새를 없애기 위해 화이트 와인을 넣어주세요. 15~20분 정도면 충분해요.

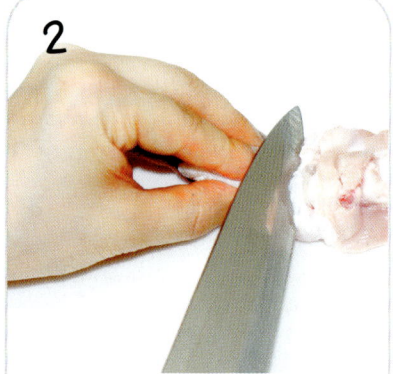

2. 닭봉에 칼집을 넣어서 양념이 잘 배도록 해주세요. 뼈와 직각으로 칼집을 3~4번 정도 넣으면 돼요.

3. (1)의 백포도주를 따라 버리고, 닭에 굴소스, 설탕, 간장, 참기름을 넣어 양념이 잘 배도록 버무려주세요.

4. 파, 생강, 마늘은 잘게 채 썰어 주세요.

5. 김이 오른 찜통에 닭봉을 넣고 채 썬 파, 생강, 마늘을 위에 올려주세요. 닭의 맛을 한결 좋게 해준답니다. 30~40분간 쪄주세요.

 **닭봉에 많은 콜라겐은 우리 몸의 어디에 좋을까요?**

피부 건강에 좋고 노화를 방지하는 콜라겐이 많아 먹을수록 얼굴에 빛이 난답니다.

햄버거 스테이크는 고기만으론 부족하기 쉬운 무기질과 섬유질, 비타민까지 섭취할 수 있는 요리에요.

31 토마토 소스가 듬뿍
햄버거 스테이크

자투리 고기가 아닌 좋은 육질의 고기를 소화가 잘 되도록 다져서 햄버거 스테이크를 만들어 아이에게 주면 한 끼 식사로도 손색 없는 영양 만점의 식사가 될 거에요. 정육점에서 만들어 놓은 다진 고기가 아닌 등심이나 안심을 직접 구입해 바로 다져서 만들어보세요. 다져서 부드러운 고기 위에 직접 만든 토마토 스테이크 소스를 뿌려 먹으면 어느 레스토랑도 부럽지 않답니다.

| 재료 3인분 | 쇠고기 다진 것 100g 지방이 적은 등심 또는 안심 부위가 좋아요.
돼지고기 다진 것 50g 목살이나 안심을 쓰세요.
빵가루 식빵 1장을 믹서에 갈아서 사용하세요.
양파 작은 것 ½개 | 우유 2Ts
소금 1ts 양이 많을 경우에는 소금의 양은 X1이 아니고 X½해주세요.
후추 조금
올리브유 조리용 올리브유를 사용하세요. |

| 소스 | 토마토 페이스트 6Ts | 양파 ½개 아주 곱게 다져주세요 | 버터 20g | 우스터 소스 2Ts | 레드 와인 3Ts | 설탕 2Ts | 물 4Ts |

1. 양파는 다져주세요. 잘게 다져야 고기와 잘 어우러져요.

2. 다진 고기에 다진 양파, 빵가루 우유, 소금, 후춧가루를 넣어주세요.

쇠고기는 살 때 안심이나 등심을 갈아달라고 해요. 집에서 직접 칼로 다질 경우 칼에 묻은 지방을 닦아가며 다지면 지방도 제거할 수 있어 더욱 좋겠죠.

3. 고기를 정성껏 치대주세요. 열심히요.

cook & cook

양파 다지기

1 양파를 반으로 가른 후 세로로 3/4 정도까지 칼집을 넣어주세요.

2 가로로 3/4 정도까지 칼집을 넣어주세요.

3 이 상태에서 위에서 아래로 자르면 쉽게 다질 수 있어요.

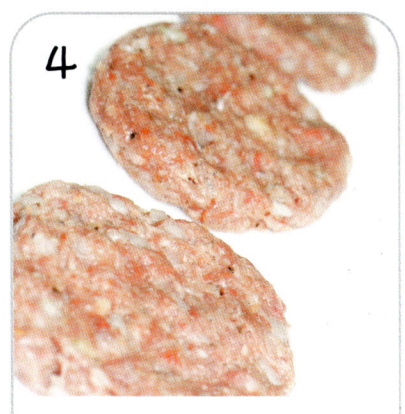

치댄 고기는 삼등분한 다음 사진처럼 둥글고 평평하게 만들어 주세요.

눌러봐서 단단함이 느껴진다면 다 익은 거랍니다.

올리브유를 두른 팬에 처음에는 센 불에서 앞뒤를 고르게 익힌 다음, 불을 줄여서 속까지 익혀주세요.

단, 냉동고 음식이라도 3일 안에는 다 먹어야 한다는것!

남은 햄버거 스테이크는 고기와 고기 사이에 종이 호일을 깔고 냉동고에 보관했다가 먹어도 돼요.

소스 팬에 소스 재료를 모두 넣고 끓여 주세요.

소스 맛에 고기가 한층 더 제 맛을 발휘할 거예요.

끓기 시작하면 불을 줄이고 뭉근히 끓여서 소스가 되직해지면 불을 끄고 햄버거 스테이크 위에 올려 내세요.

쇠고기의 장점과 단점

하루 필요한 영양소 중에서 탄수화물과 단백질, 지방의 섭취 비율은 60 : 25 : 15인데, 전체 단백질 섭취량 중 3분의 1은 양질의 필수아미노산이 풍부한 동물성 단백질에서 얻는 것이 좋다고 해요. 특히 쇠고기의 살코기 부분은 철분과 아연이 풍부하고 단백질도 많아 선호하는 부위지요.

소스에 들어가는 연근 가루는 지혈 작용이 우수하고 여러 좋은 성분이 많아요. 아연과 철분이 풍부한 소고기와 더불어 아이에게 좋은 음식이랍니다.

32 패밀리 레스토랑보다 더 맛있는 등심 스테이크

패밀리 레스토랑보다 더 맛있는 스테이크를 집에서 만들어 볼까요? 고기의 식감을 느낄 수 있는 등심 스테이크를 아주 쉽고 빠르게 만든 다음 연근가루를 이용한 소스로 맛과 건강의 두 마리 토끼를 잡도록 해요. 연근가루의 전분이 고기를 아주 연하게 해준답니다. 전분을 사용하는 요리에 연근가루를 대신 넣어보세요. 색은 연갈색이고, 맛은 약간 단맛이 나서 아이들 요리에 사용하면 좋답니다.

재료 2인분

스테이크용 등심 쇠고기 460g 마트에서 파는 스테이크용 1장이 대개 쇠고기 460g이랍니다. 두께는 1.5~2cm가 적당하구요. 선홍색을 띠고 윤기가 흐르며 촉촉하게 육즙이 배어 있어야 신선한 고기예요. 냄새를 맡아도 알 수 있답니다. 역한 냄새가 난다면 사용하지 마세요.

기름(조리용 올리브유) 1ts
버터 ⅓ts 고기의 풍미를 더해주기 위한 것이므로 소량이면 돼요.
소금 조금 엄지와 검지로 살짝 집은 정도
후춧가루 조금

소스 소스는 넉넉하게 만들어 두세요.

육수(쇠고기 육수) 2½컵 | 양파 작은 것 ½개 | 표고버섯 3개 양송이버섯을 대신 사용해도 좋아요.
우스터 소스 3Ts 시큼하고 단맛이 나는 고기용 소스예요. | 연근가루 감자전분 대신 영양가 높은 연근가루는 생협이나 유기농가게에서 팔아요.

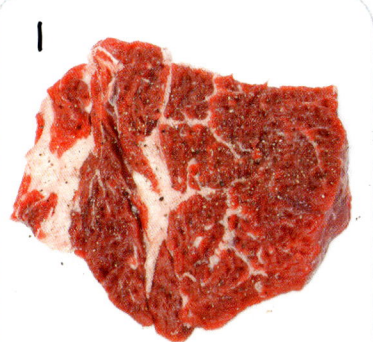

1 스테이크용 고기 한 장(460g)을 반으로 자른 분량이 1인분이에요. 고기는 종이 타월 위에 올려서 고기 겉의 육즙을 흡수하도록 해요.

소금과 후춧가루를 팬에 올리기 직전에 뿌려주세요.

2 고기망치로 두드려 주세요. 힘줄부위를 끊어주는데, 너무 많이 두드리면 고기 모양이 퍼지니까 적당히 하세요.

3 소스를 먼저 만들도록 해요. 그래서 고기를 구운 후 바로 뿌려 먹을 수 있게요.

cook & cook

스테이크 소스 만들기

1 쇠고기 육수에 우스터 소스를 섞은 후 양파와 표고버섯(또는 양송이)을 넣은 후 끓여주세요. 육수가 들어가야 감칠맛을 느낄 수 있어요. 끓으면 불을 약하게 하여 개어 놓은 연근가루를 넣고 농도를 조절하세요.

2 연근가루를 바로 넣으면 덩어리가 생기기 때문에 꼭 연근가루의 2~3배의 물을 넣어 개어 놓은 것을 한꺼번에 넣지 말고 저어가면서 한 숟가락씩 넣으세요. 만약 부드러운 맛을 원한다면 마지막에 우유를 ¼컵 넣어보세요. 색도 연해지고 맛도 훨씬 부드러워진답니다.

두터운 팬을 준비해서 고기를 굽도록 해요. 팬이 얇으면 고기가 겉만 타게 돼요.

접시는 두터운 것을 사용해서 전자레인지에 2분 정도 데운 다음 고기를 올리세요. 소스를 뜨겁게 해서 올려주세요.

> 접시에 바로 내지말고 1분 정도 고기를 쉬게 한 후 내세요. 먹을 때 고기가 더 연해져요.

스테이크 잘 굽는 방법

팬을 센 불에 올린 후 뜨거워지면 기름과 버터를 넣고 고기를 올려주세요. 센 불에서 바로 고기의 앞뒤를 사진처럼 익혀주세요. 이래야만 고기의 육즙이 빠져나가지 않아 맛있는 스테이크를 만들 수 있어요.

그리고 고기를 요리할 때는 계속 불 앞에서 지키고 있어야 해요. 안 그러면 타기 쉽거든요.

양면이 다 바짝 익혀졌으면 중불로 불을 낮춰서 익혀주세요. 뒤집는 것은 익히는 정도에 따라 딱 한 번만 해주세요. 많이 뒤집으면 고기 맛이 떨어져요.

두께가 2~2.5cm의 고기라면 중불에서 다음과 같이 시간을 조절하세요.

- 레어(Rare, 잘랐을 때 육즙이 뚝뚝 흐르는 정도) – 각각 한 면씩 3분을 구워주세요.
- 미디움(Medium, 잘랐을 때 육즙이 흐르지는 않지만 결에 배어있는 정도) – 한 면씩 4~5분을 구워주세요.
- 웰던(Well-done, 단면의 색이 중앙에 아주 조금 붉은빛이 도는 정도) – 각한 면씩 46~47분을 구워주세요.

만약 고기의 두께가 더 두껍거나 얇으면 고기의 중앙을 눌러서 정도를 확인하세요.

중앙을 눌러 부드러우면 레어구요, 약간 탱탱한 감이 있으면 미디움, 단단하면 웰던이니까 눌러서 확인하며 요리하세요. 고기가 다 구워졌으면 바로 먹지 말고 2분 정도 따뜻한 접시에 담아두세요. 고기가 이완되어 고기 맛이 훨씬 부드러워진답니다.

33 다섯 가지 향이 환상적인
오향 돼지보쌈

돼지고기에는 칼륨, 셀레늄, 철분과 같은 무기질이 풍부해요.

돼지고기에 오향(대파, 통후추, 팔각, 정향, 생강)을 첨가해 요리를 하면 식욕을 북돋아줄 뿐만 아니라 맛도 아주 좋아요. 또한 오향은 기력을 보충해주는 데도 아주 좋답니다. 김치나 양상추에 싸서 밥과 같이 먹으면 식당에서 먹는 보쌈이 부럽지 않을 거에요.

재료 3인분	
돼지고기 600g 목살로 준비하세요.	정향 4개 맛과 향이 달면서도 강하고 매워 식욕을 돋우는 데 그만이죠.
된장 2Ts	생강 2쪽(20~30g)
대파 1대 파란 잎이 냄새 제거에는 훨씬 좋아요.	물 1컵
통후추 15개	간장 6Ts
팔각 5개 중국 요리에서 빠져서는 안 되는 향신료로 부드럽고 달콤한 향과 맵고 단 맛이 납니다.	마스코바도 설탕 3Ts
	청주 2Ts

1. 돼지고기는 실로 둘둘 돌려서 말아 모양을 잡아주세요.

2. 물을 냄비에 붓고 끓이다 된장을 풀고 대파를 넣어주세요. 물의 양은 고기가 잠길 정도면 돼요.

3. (2)에 돼지고기를 넣고 20~30분 삶아주세요.

4. 물 1컵에 간장, 설탕, 청주, 팔각, 정향, 통후추, 생강을 넣고 끓여주세요.

5. 한소끔 끓은 (4)에 (3)의 돼지고기를 넣고 불을 약하게 하고 40~50분 이상 삶아 주세요. 소스를 뿌리며 1/5 정도 될 때까지 졸여주세요.

젓가락으로 찔러서 핏물이 나오지 않고 단단해지면 다 익은 거에요.

돼지고기를 삶고 남은 된장국물은 버리지 말고 시원한 김칫국을 만들어보세요. 신김치는 물로 씻은 다음 물기를 짜버리고 송송 썰어 넣어주세요. 한소끔 끓으면 채썬 파와 양파를 넣고 약한 불에서 20분 정도 더 끓여주면 완성!

34

달콤한 프룬의 풍미가 가득한 소스의
닭고기 밀쌈말이

북경오리가 먹고 싶을 때 오리 대신 닭다리로 만든 요리에요. 파채와 오이, 프룬 소스의 삼박자가 만들어내는 맛에 반해버릴 거에요.

재료 2인분
닭다리 6개 | 오이 1개 | 대파 1대 | 프룬(말린자두) 6개 | 따뜻한 물 1Ts | 호이신 소스 4Ts 해선장소스라고도 하고 달콤한 맛이 나요. 홈에버에서 구입했어요.

소스
〈닭다리양념장〉
진간장 1Ts | 올리브유 1Ts | 설탕 ½ts | 정향 1개 | 팔각 2개

〈밀전병〉
우리밀백밀가루 100g | 물 170ml | 달걀 흰자 1개 | 소금 ½ts

저지방 고단백의 닭고기와 야채의 만남, 아이의 성장에 좋아요.

1
따뜻한 물 1Ts에 프룬을 30분동안 불린다음 호이신소스를 넣고 곱게 갈아서 준비해주세요.

양념장에 재운 닭다리는 오븐(200℃ 예열)에서 50분~1시간 충분히 구워주세요. 다 익은 고기는 살만 발라 놓으세요.

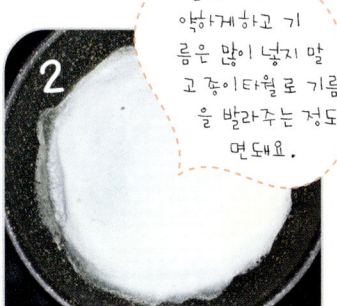

2
불은 아주 약하게하고 기름은 많이 넣지 말고 종이타월로 기름을 발라주는 정도면 돼요.

밀전병은 재료대로 잘 섞은 다음, 약불에서 직경 20cm 팬에 작은 국자로 한 국자 넣고 팬을 돌려서 얇게 펼쳐주세요.

3
오이와 파는 얇게 채 썰어 놓고, 만들어 놓은 밀전병 위에 소스를 전체에 얇게 펴고 고기와 야채를 얹고 싸서 먹으면 되요.

35 가오리야 홍어야? 아니 더 맛있는
케이퍼 소스의 간재미

아이의 뼈 건강에 꼭 필요한 음식이에요. 연골어류인 간재미, 반드시 뼈까지 꼭꼭 씹어 먹어야 건강에 좋답니다.

오랜만에 간재미를 샀습니다. 주로 쪄서 초고추장에 찍어 먹던 간재미를 서양식으로 요리해 봤더니 색다른 맛이더군요. 간재미는 연골조직이라 통째로 먹기 좋은 생선이에요. 삶아서 소스를 뿌려 아이와 함께 뼈까지 먹도록 해요. 껍질은 벗기기가 매우 힘드니까 살 때 껍질을 벗겨 달라고 부탁하세요. 소스에 들어가는 케이퍼는 훈제 연어와 같이 먹던 열매에요. 냉장고에 있는 케이퍼를 이번에는 연어가 아닌 간재미와도 먹어보세요.

재료 4인분

간재미 날개 2쪽을 반으로 갈라 4개로 만들어주세요.
양파 ½개
월계수잎 1개 건조된 것을 사용하고 식욕을 증진시키고 풍미를 더해줘요.
샐러리 ½대
올리브유 조금

케이퍼 25g 소금에 절인 케이퍼를 구입하세요. 주로 훈제연어와 함께 먹는데 케이퍼 관목의 꽃봉오리라는 군요. 생선 요리에 많이 사용해요.
무염 버터 30g
화이트 와인 비네거 ½ts
화이트 와인 ½ts

1

간재미는 가오리와는 생긴 모양이 확연히 구분되요. 홍어와는 비슷하지만 간재미는 홍어보다 크기가 작고 코모양이 둥근데 반해, 홍어는 코가 뾰족해요.

간재미는 날개부분만 잘라 달라고 하세요. 2등분해 주세요.

2
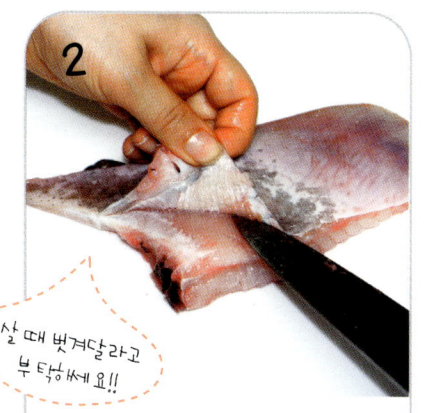

살 때 벗겨달라고 부탁하세요!!

껍질과 살 사이로 칼집을 넣어가면서 벗겨주세요. 아귀처럼 한 번에 벗겨지지 않으니 인내심을 가지고 힘을 주며 벗기세요.

3

껍질을 벗긴 간재미는 찬물로 씻어 놓으세요.

4

냄비에 물, 양파, 월계수잎, 레몬, 샐러리대를 넣고 끓이다 껍질 벗긴 간재미를 넣고 끓인 다음 약한 불에서 좀더 익혀주세요(20분 정도).

5

달군 팬에 버터를 넣고 다 녹으면 페이퍼와 와인, 비네거를 넣고 2~3분간 가열해준 다음 간재미에 뿌려서 먹으면 돼요. 짭짤해서 맛있어요.

cook & cook : 간재미 매운탕 (날개를 뺀 나머지 부분으로 만들어요.)

물이 끓으면 간재미, 마늘, 콩나물, 무, 미나리, 고춧가루를 넣고 끓이세요(뚜껑은 닫지 말고, 물의 양은 간재미가 잠길 정도만 부으세요). 간은 소금으로 해야 국물 맛이 시원합니다.

DHA가 풍부해서
아이들의 두뇌 발달
에 좋아요.

36 비린내 없이 담백하게 즐기는
삼치 호일 구이

DHA가 풍부하고 가격도 저렴해서 우리 아이 밥 반찬에는 만점인 삼치! 하지만 한 번 구울 때마다 생선 비린내 때문에 항상 집안 환기에 신경 쓰이는 생선 요리를 냄새도 없고 하기도 쉬운 호일 구이로 해봐요. 건강에는 더없이 좋은 조리법인 '찜' 식인 호일 구이에 생선 비린내는 레몬과 와인으로 잡아준 다음 아이가 좋아하는 모짜렐라 치즈로 고소함까지 더해 맛있게 만들어 봐요.

재료 2인분

삼치 큰 것 ½ 마리 손질한 것을 구입하세요.
종이 호일 중금속이 없는 환경 친화적 종이로 된 호일이에요.
알루미늄 호일 종이 호일 겉에 포장할거니까 환경 호르몬 걱정마세요.
올리브유 조금
양파 가로로 자른 것 2개
레몬 슬라이스 1개

소금과 후춧가루 조금
모짜렐라 치즈 150g
느타리버섯 한줌
미나리 늦대
화이트 와인 1ts 드라이한 맛이 좋아요.
만약 없을 시는 조리용 술을 사용해도 돼요.

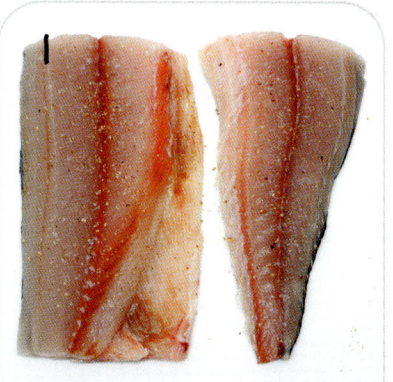

1. 삼치는 손으로 남아 있는 가시를 남김 없이 제거해 주세요. 삼치의 양끝과 내장이 있었던 부분에 주로 있으므로 주의해서 손질해 주세요.

2. 소금과 후춧가루를 뿌려 간을 하세요.

3. 종이 호일을 40cm 길이로 잘라 놓고 위에 올리브유을 조금 뿌려 주세요.

4. 0.7~1cm 두께로 가로로 자른 양파를 종이 호일 위에 올려주세요.

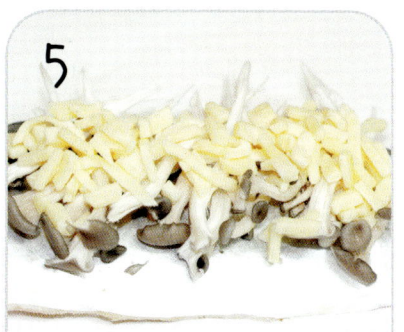

5. 양파 위에 삼치를 등 쪽이 위로 가게 놓은 다음, 느타리버섯과 모짜렐라 치즈를 차례로 얹어주세요.

6. 그 위에 남은 삼치를 올리고 레몬과 미나리를 올린 다음 화이트 와인을 부어주세요.

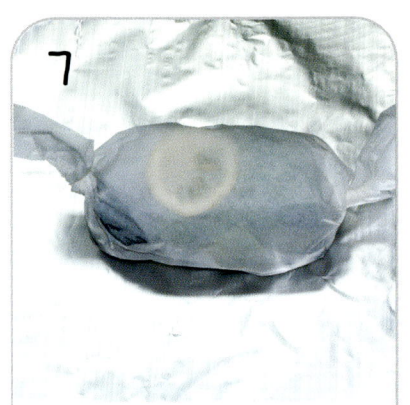

종이 호일을 사탕 모양의 포장처럼 싼 후 양쪽 끝부분을 꼬아서 마무리한 다음 알루미늄 호일에 올려서 다시 포장하세요.

구워질 때 국물이 빠져 나오지 않게 호일의 겹치는 부분이 위로 오게 해서 접은 다음 양끝을 접어주세요.

오븐용 트레이에 겹치는 부분이 위로 가게 올린 다음 200℃로 예열된 오븐에서 20~30분 정도 구워주세요.

프라이팬을 사용할 때는 뚜껑을 닫고 중불과 약불 사이에서 구워주세요.

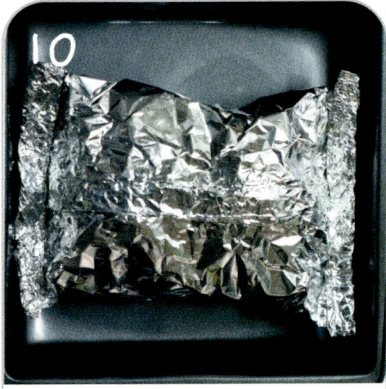

그냥 먹어도 맛있지만 싱겁다 싶을 때는 간장 소스를 만들어 찍어 먹어 보세요(간장 2 : 물 1 : 식초나 레몬즙 1 : 설탕 ½).

cook & info

신선한 삼치 고르기

눈알이 맑고 몸 표면에 광택이 흐르며, 아가미가 선홍색인 것이 좋아요. 등 쪽의 색이 진하고 뚜렷할수록 좋고요. 몸통이 통통하고 눌렀을 때 단단하며 배 부분이 처지지 않은 것이 신선해요. 토막 내서 파는 것은 꼬리 쪽을 사세요. 수입산은 길고 표면에 상처가 많이 나 있으므로 고를 때 주의하세요.

cook & cook

남은 삼치, 팔각 간장으로 조림하기

재료 삼치 ½마리 | 간장 2Ts | 물 3Ts | 팔각 1개 | 생강 저민것 3~4개

간장, 물, 팔각, 생강을 냄비에 넣고 끓이다가 생선을 넣고 조리세요. 조림은 짜게 하지 마세요.

37 레몬향이 상큼한 고등어 구이

아미노산과 불포화지방산이 풍부한 등푸른 생선의 대표주자 고등어와 깨끗한 피를 만들어 주는 레드비트 소스, 아이들에게 정말 좋은 음식이에요.

고등어는 보통 소금간이 강한 구이나 조림으로 조리해서 드시는 분들이 많은데 싱싱한 고등어를 언제든지 쉽게 구할 수 있는 만큼, 염분은 확 줄이고 고등어 자체의 영양도 그대로 살아나도록 조리해 보세요. 덤으로 비타민까지 섭취할 수 있으니 아이들에게 아주 좋은 음식이 될 거에요. 레몬의 향이 고등어의 비린 맛을 가려준답니다.

재료	
고등어 1마리 자반고등어가 아닌 생물 고등어를 구입하세요.	넛맥 조금 레몬과 같이 사용하면 상승 효과가 있어 비린내를 약하게 할 수 있어요. 많이는 넣지마세요. 엄지와 검지로 집는 양만큼
양파 ½개 곱게 다져서 볶아 놓으세요.	
빵가루 5ts 식빵을 가루내어서 사용하세요	올리브유
레몬 ½개 ǀ 달걀 흰자 2Ts ǀ 다진파 1ts ǀ 파슬리가루 ½ts	소금, 후춧가루

소스 레드비트 70~80g 채 썰어 놓으세요. 마트 야채 코너에서 팔아요. ǀ 마스코바도 설탕 15g ǀ 버터 10g ǀ 물 20~30ml

1

고등어는 속살보다 푸른색을 띠는 껍질 쪽에 붙은 살이 더 영양소가 풍부하답니다.

고등어는 머리와 꼬리, 내장을 제거하고 뼈를 중심으로 칼집을 넣어 주세요.

2

굵은 소금으로 레몬 겉을 문질러 닦은 후 얇게 껍질을 잘라 다져 주세요.

레몬은 껍질만 잘게 다져주세요.

3

그릇에 볶은 양파, 빵가루, 다진 파, 다진 레몬, 파슬리, 소금, 후춧가루, 넛맥과 달걀 흰자를 넣고 잘 섞어주세요.

4

반죽한 (3)을 고등어 속에 넣은 다음 나무 꼬치를 이용해서 잘 오므려주세요.

5

오븐 온도는 200도로 하세요. 그릴에서 구울 때는 중간에 한번 뒤집어 주세요.

고등어의 겉은 올리브유를 바른 다음 예열된 오븐이나 그릴에서 10분~15분 구워 주세요.

6

레드 비트는 당근, 사과와 같이 갈아 주스로 먹으면 피로회복에 아주 좋아요.

소스 팬에 비트와 설탕, 버터, 물을 넣고 비트가 부드러워질 때까지 끓이세요. 다 구워진 고등어 위에 뿌려 주면 완성!

38

오메가3의 보고
연어 호일 구이

슈퍼 푸드 중 하나인 연어는 오메가3가 풍부해서 누구에게나 좋은 식재료에요. 훈제하지 않은 연어는 독특한 풍미가 있어 싫어하는 아이들도 있어요. 그래서 버터 소스로 고소함을 더해 아이가 먹기 쉽게 만들어 보았어요. 호일로 싸서 오븐에서 구우면 찜 요리와 같은 효과를 얻을 수 있기 때문에 건강에도 더욱 좋답니다.

> 연어는 혈중 콜레스테롤 수치를 떨어뜨리고, 중성지방을 감소시켜주기 때문에 성인병 예방에 좋은 식품입니다.

재료 2인분
연어 500g 통으로 잘라서 파는 연어를 구입하세요.
소금물 소금 1ts를 물 2Ts에 녹이세요.

소스 〈버터 소스〉
버터 30g | 레몬즙 ½ts | 넛맥 조금 레몬과 만나 좋은 향을 내는 향신료예요. 엄지와 검지로 집는 양만큼 | 소금 ¼ts

1
연어는 중간 부위를 준비해서 흐르는 찬물에 깨끗이 씻어주세요.

2
쿠킹호일과 종이 호일을 깔고 연어를 올리고 소금물을 부은 다음 싸 주세요.

180도로 예열된 오븐에서 구워주세요 (30분).

3
소스 팬에 버터를 녹이고 레몬즙과 넛맥, 소금을 넣고 약한 불에서 데우세요. 연어에 버터 소스를 뿌려서 내놓으세요.

접시에 올릴 때는 연어의 뼈와 껍질은 제거하세요.

39 아스파라거스를 곁들인 연어 구이

단백질과 필수지방산, 카로틴이 풍부한 연어와 비타민과 피로회복에 좋은 아스파라긴산이 풍부한 아스파라거스의 환상적인 궁합!

모파상의 소설 중에 아스파라거스를 먹는 장면이 생각나네요. 내용은 잘 기억나지 않지만 그 당시에는 아스파라거스가 엄청 비쌌던 것 같아요. 하지만 지금은 쉽게 구입할 수 있죠. 아스파라거스를 어릴 때부터 아이와 친해지게 해주면 아삭하게 씹히는 맛과 더불어 아이의 건강에도 좋은 약이 될 거예요. 더욱이 고소함을 더해주는 홀랜드 소스에 찍어 먹으면 처음 먹는 아이도 쉽게 먹을 수 있답니다.

재료 연어 4토막 살로만 준비하세요(훈제 연어는 아니에요). | 레몬즙 조금 | 소금, 후춧가루 조금
아스파라거스 5~6대 | 올리브유 1Ts

소스 〈홀랜드 소스〉
달걀 노른자 3개 | 버터 170g | 레몬즙 레몬 홀개의 즙을 내주세요. | 화이트 와인 식초 3Ts | 물 1Ts | 통후추 5개 |
월계수잎 1개 | 천일염 ½ts | 흰 후춧가루 조금

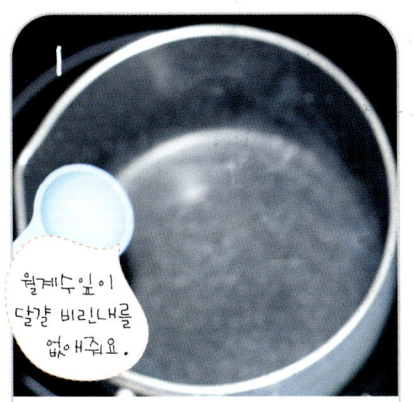

1
월계수잎이 달걀 비린내를 없애줘요.

화이트 와인 식초와 물, 통후추 5개, 월계수잎을 소스 팬에 넣고 양이 ¼ 되도록 졸인 후 식혀 놓으세요.

2
이때는 달걀이 익지 않게 하는 게 중요해요.

달걀 노른자에 식혀 둔 (1)을 1Ts 넣고 중탕해 주세요. 물이 끓으면 불을 끈 상태에서 녹인 버터를 조금씩 부어주면서 잘 섞어주세요.

3

(3)을 믹서에 넣고 레몬즙과 소금, 후춧가루를 넣고 간을 한 다음 갈아주세요. 잘 된 홀랜드 소스는 크림빛 광택이 나는 노란색이에요.

4
싱싱한 아스파라거스는 색깔이 선명하고 이삭 끝이 단단하며, 줄기가 힘이 있고 윤기가 흐른답니다. 봉오리 끝이 벌어지지 않은 것이 좋으며(사실 이 부분이 가장 맛있어요) 질긴 아래쪽 3~5cm는 잘라 버리세요.

물에 소금을 넣고 끓인 다음 10cm로 자른 아스파라거스를 넣고 1분간 데쳐서 찬물이나 얼음물에 담가 두세요.

5

연어는 붓으로 올리브유를 바르고 레몬즙을 뿌린 다음 소금, 후춧가루로 간을 해주세요.

6

기름을 두른 팬에 연어를 올리고 한 면당 3~4분씩 익혀주세요. 접시에 연어와 아스파라거스를 올리고 홀랜드 소스를 뿌려주세요.

40 종이 호일을 이용한 전갱이 구이

> 전갱이는 비타민 B12가 풍부해 신경계 질환이나 악성 빈혈을 방지하는 데 큰 몫을 하는 작은 생선이에요.

아이와 임산부에게 특히 좋은 전갱이는 여름에 주로 먹을 수 있는 서민적인 생선이지요. 물론 가격도 싸구요. 회나 튀김, 구이로도 좋은 전갱이를 이번에는 종이 호일에 싸서 오븐에 구워 봐요. 야채에 들은 엽산이 전갱이의 비타민 B의 흡수를 높여 주어 눈에도 좋은 생선이에요. 비늘과 내장은 생선을 살 때 제거해 달라고 부탁하세요!!

재료

전갱이 2마리 농어목 전갱이과의 바닷물고기로 구이, 조림, 튀김 등의 요리에 다양하게 쓰여요.
양파 1개
샐러리 ½대
로즈마리 조금 멸치와 겹치로 집는 양 열을 가해요 향이 보존되어 요리의 풍미를 살려줘요.

마늘 2쪽
올리브유 2ts
화이트 와인 2ts
생강 저민 것 2개
소금, 후춧가루 조금

1. 생강은 채썰고 마늘과 셀러리는 다져 놓으세요.

국물이 없어질 때까지 볶아야해요.

2. 올리브유를 두른 팬에 마늘, 생강, 샐러리를 노릇노릇하게 볶은 다음 화이트 와인과 소금, 후춧가루, 로즈마리를 넣고 5분간 끓여주세요.

3. 종이 호일을 깔고 그 위에 전갱이를 올린 다음 생선 사이와 위에 (2)의 볶은 야채를 충분히 올려주세요.

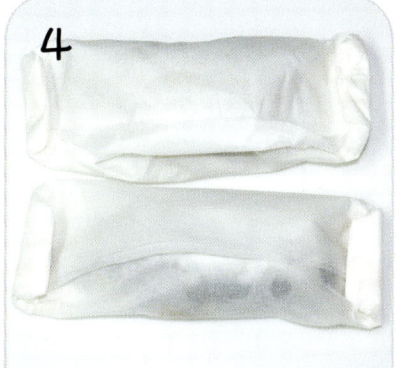

4. 종이 호일을 사진과 같이 잘 싸주세요. 200도로 예열된 오븐에서 30~35분 정도 구워주세요.

cook & info

생선을 통으로 오븐에서 요리할 때 걸리는 시간은?

보통 생선의 가로길이 2cm당 10분~15분으로 계산하세요. 오븐의 온도는 180~200도로 예열을 해 놓았을 경우이고요. 등 푸른 생선을 영양소 파괴 없이 조리하는 방법은 찌거나 굽는 것인데, 시간은 35분을 넘지 않도록 해야 합니다.

cook & cook

전갱이 조림 만들기

간장 2 : 물 1 : 요리술 1 : 설탕 ½ 비율로 냄비에 넣고 끓으면 손질된 전갱이를 넣고 조려주세요.

41 참깨로 더욱 고소한
연어 감자 스테이크

연어의 연분홍 살에 풍부한 카로틴은 섭취하면 비타민 A로 전환되어 눈을 건강하게 해주는 고마운 식품이에요.

연어의 독특한 맛과 향 때문에 싫어하는 아이를 위해 감자를 섞고, 고소한 깨로 마무리했어요. 아이가 어리다면 완자처럼 작게 만들어도 먹기 쉬울 거에요. 감자는 끈기가 생기게 아주 잘 으깨야 생선과 섞었을 때 부서지지 않는답니다.

재료

- 연어 100g
- 감자 200g *감자는 삶아 놓으세요.*
- 양파 ½개 *잘게 다져주세요.*
- 버터 6g
- 레몬 ⅓개
- 월계수잎 1~2장
- 파슬리 1ts *없다면 쪽파를 잘게 다져 사용하세요.*
- 샐러리 ⅓개
- 참깨 *볶은 깨를 사용하세요.*
- 소금. 후춧가루 조금

연어는 잘 삶아지도록 잘라 주세요.

찬물에 연어와 샐러리, 레몬을 넣고 삶아주세요(연어 비린내가 제거됩니다).

(2)의 익은 연어는 껍질과 가시를 제거하고 그릇에 담아 으깨주세요.

감자는 뜨거울 때 훨씬 잘 으깨져요.

삶은 감자는 뜨거울 때 으깨주세요. 곱게 으깬 감자는 열심히 치대서 끈기가 생기게 해주세요.

잘게 다진 양파는 달군 팬에 버터를 넣고 볶아주세요. 하얀색이 유지되게 볶아야 해요. 색이 진해지면 보기에 좋지 않아요.

곱게 으깬 감자에 연어, 볶은 양파를 넣고 같이 섞어주세요. 소금과 후춧가루로 간을 하고 파슬리 가루도 넣어 잘 섞어주세요.

감자와 잘 어울릴 수 있도록 만들어 주세요. 구울 때 모양이 흐트러지지 않게 전 단계에서 잘 만드는 것이 중요해요.

(5)의 반죽을 손으로 잘 치댄 다음 지름 8cm 정도로 둥글게 만들어 참깨를 전체에 골고루 묻혀주세요.

여러 번 뒤집으면 생선살이 흐트러지기 쉬우므로 한 번만 뒤집으세요.

달군 팬에 기름을 적당히 두른 다음 익혀주세요. 한 면이 노릇하게 구워지면 한 번만 뒤집어 다른 면을 구워주세요.

cook & cook : 연어 케이크와 같이 먹는 생크림 양파 소스

재료 마요네즈 3Ts | 생크림 1Ts | 다진 양파 1Ts | 설탕 1ts | 식초 1ts | 레몬즙 1ts | 소금 후춧가루 조금

모든 재료를 잘 섞어주세요. 식초와 레몬즙이 분리되지 않게 잘 섞어주세요. 설탕은 가루설탕을 사용합니다.

cook & info : 사람이 건강하게 살기 위한 슈퍼 푸드 14가지

- 콩 – 육류의 대안인 콩에는 대부분의 식물성 단백질에 부족한 리신이 많아요.
- 대두 – 식물성 오메가3 지방산과 식물성 에스트로겐이 다량 들어 있어, 콩과 함께 심혈관질환, 유방암, 관상동맥질환 등의 질병을 예방하고 폐경기와 월경불순 증상 등을 완화시켜요.
- 귀리 – 결장암 예방효능이 탁월해요.
- 호박과 시금치 – 고카로틴 식품인 호박과 눈에 좋은 카로티노이드가 풍부한 시금치는 많이 섭취할수록 노화가 지연되며 폐암 등 각종 암이나 백내장을 예방하고, 심장마비 발병률을 낮춰줘요.
- 브로콜리 – 항암식품들 중 가장 강력한 효능이 있어요.
- 연어 – 비타민 D와 오메가3가 풍부해 관상동맥질환을 줄이고 고혈압, 암, 고령에 따른 근육퇴행, 관절염, 우울증에서 벗어날 수 있어요. 주 2회 이상 섭취해야 좋대요.
- 칠면조 – 갑상선 호르몬 대사, 관상동맥질환을 예방해주는 셀레늄이 풍부하며 심장에 좋고, 암에 걸릴 위험을 낮춰준대요. 닭 가슴살도 좋아요.
- 호두 – 식물성 오메가3 지방산이 많으며 혈중 콜레스테롤을 낮춰주는 식물 스테롤이 풍부하고 당뇨병 예방에 좋은 섬유질과 마그네슘 등의 훌륭한 공급원이에요.
- 차 – 콜레스테롤 수치를 낮추고 혈관 내벽에 혈전이 생기는 것을 막아주며 체중 감소에도 효과가 좋아요. 하루에 녹차를 3잔 이상 마시면 암과 치매를 예방할 수 있어요.
- 요구르트 – 아토피 피부염과 설사 증상을 완화시켜주고 과민성 대장증후군을 예방해줘요. 요구르트에 함유된 생균제는 우리 몸의 면역체계를 강화시켜주어 각종 감염으로부터 보호해 준답니다.

42

복어탕 만큼 시원한 아귀 맑은탕

아귀는 다른 생선에 비해 비린내가 적어 맑은탕에 아주 좋아요. 쌀쌀한 날씨에 뜨겁게 해서 먹도록 해요.

재료 3인분
- 아귀 700~800g
- 멸치야채육수 3½컵 *없다면 물을 사용하세요.*
- 무 100g
- 표고버섯 큰것 1개
- 대파 1대
- 애호박 50g
- 마늘 2쪽 *다져 놓으세요.*
- 소금 ½ts
- 후추조금
- 청주 2Ts

저지방 고단백식품인 아귀는 특히 비타민A가 풍부한데, 비타민A는 어린이 발육을 돕고, 저항력을 키우며 눈의 건강에도 도움이 되는 영양소예요. 또 아구의 검은 껍질은 피부에 좋은 콜라겐이 풍부해요.

생선탕의 간은 소금으로 해야 시원해요. 간장은 넣지 마세요!

1. 썰어 놓은 아귀는 찬물에 씻은 후 청주, 소금, 후추가루로 밑간을 해 놓으세요. 소금은 ¼ts 만 뿌리세요.

3. 육수를 냄비에 붓고 무와 표고버섯을 넣고 끓이세요. 준비해 놓은 육수가 없다면 물을 쓰고 무를 더 넣어주세요.

아구가 익으면 불에 내려서 아구는 초간장에 찍어 먹으면 돼요.

4. (3)이 끓으면, 아구, 호박, 대파, 다진마늘을 넣고 소금 ¼ts 후추간을 한 뒤 15분간 끓여 완성합니다.

3. 영양 보충 수프와 곁들이 음식, 사이드 디시

밭의 사과라고 불리는 감자를 이용한 영양 가득한 수프는 소화 흡수가 좋아 성장기 아이나 수험생에게 좋은 음식이에요. 양질의 탄수화물에 야채, 치즈, 닭고기 등 다른 영양분도 보충되어 한 끼 식사로도 아주 좋아요. 수프에 난, 차파티, 마늘파슬리바게뜨 같은 곁들이 음식을 같이 하면 아주 풍성한 식탁이 될 거에요.

밭의 사과라는 감자!
비타민 C가 사과만큼 많
고, 필수 아미노산이 골고루
있어 아이의 성장 발육에
좋아요.

43 부드러워서 더욱 맛있는
매시 포테이토

수입식품점에서 파는 인스턴트 매시 포테이토도 있지만 직접 만들어 아이들 이유식이나 고기 요리에 곁들여 놓으면 영양 면에서도 만점이랍니다. 데미글라스 소스나 브라운 소스를 얹어 먹으면 고소하고 진한 맛을 느낄 수 있을 거에요. 아주 정성을 들여 부드럽게 만드는 것이 포인트랍니다. 많이 만들어서 냉장고에 보관했다가 먹을 경우에는 전분이 굳어서 딱딱하게 되므로 우유를 넣어 약불에서 저어 가면서 부드럽게 풀어 주어야 합니다.

재료 감자 큰 것 3개 약 500~600g 감자를 햇볕에 오래 두면 표면이 초록색으로 변하거나 싹이 나는데, 이 부분에 솔라닌이라는 독성 물질이 생겨요. 솔라닌은 어린 맛이 나고, 구토, 식중독 현기증, 목의 가려움 등을 유발하며 다량 섭취하면 위험하다고 해요. 감자를 오래 보관하려면 감자 옆에 사과 1개를 두면 좋아요. 양파와는 같이 보관하지 마세요.

우유 250ml
소금 조금
버터 10~15g

1. 감자는 껍질과 눈을 깨끗하게 제거한 후에 적당히 잘라주세요. 통째로 사용해도 좋지만 요리 시간이 길어지므로 잘라서 사용하세요.

시간을 단축하고 싶으면 뚜껑을 반쯤 덮고 끓이면 되지 안 쉽게 넘치니까 조심해야돼요.

2. 재료가 푹 잠길 정도로 물을 붓고 소금을 넣은 다음 끓여주세요.

우유로 농도를 맞추면 돼요. 숟가락으로 저었을 때 휘저은 부분이 그대로 나타나 있으면 돼요.

3. 감자가 푹 삶아졌으면 물은 따라 버리고 감자가 뜨거울 때 으깨주세요. 우유와 버터를 넣고 부드러워질 때까지 열심히 젓도록 해요.

4. 소금을 조금 넣어주세요. 감자의 맛을 높이기 위해 소금을 넣는 것이므로 간을 딱 맞추려고 하지 말고 그냥 고소한 맛만 내면 돼요.

cook & info

서양 요리에서 감자는?

감자만큼 서양 요리에서 다양하게 활용되는 야채도 없을 거에요. 감자 볶음, 으깬 감자, 구운 감자, 감자튀김 등. 그 중 사이드 요리로 많이 먹는 것이 매시 포테이토랍니다. 보통 고기 옆에 얌전히 올려져서 그레이비 소스를 뿌려 먹으면 아주 맛이 그만이죠. 그레이비 소스는 고기요리에서 나오는 육즙으로 만든 소스로 진한 풍미가 아주 좋아요.

44 먹으면 먹을수록 감칠 맛 나는
난(Naan)

> 우리밀가루는 섬유질과 양질의 영양소가 듬뿍 있어요.

인도 요리에서 빼놓을 수 없는 난! 모양은 울퉁불퉁 제멋대로지만 고소해 누구나 좋아하죠. 저도 한 번 먹어보고 그 담백함에 반했답니다. 난은 인도 북부지방의 주식으로 저녁에 먹는 쫄깃하고 고소한 빵인데, 원래는 탄두르 화덕에 구워야 제맛이지만 집에서는 오븐을 사용해야겠죠. 빵 반죽은 시간과 재료의 양이 정확해야 실패하지 않는답니다!! 오리지널 플레인 난을 만들어 본 후 로즈마리, 타임 같은 허브를 넣고 만들어도 아주 좋아요. 다 만들어진 따끈따끈한 난에 치킨티카나 커리를 곁들여 먹으면 인도가 바로 우리 집에 와 있는 듯하답니다.

재료

- 우리밀 백밀가루 200g *다목적용이면 돼요.*
- 드라이 이스트 1ts
- 마스코바도 설탕 1ts
- 따뜻한 물 1Ts
- 소금 ½ts
- 베이킹 파우더 ½ts
- 포도씨유 1Ts
- 집에서 만든 플레인 요구르트 4Ts *시중에서 파는 플레인 요구르트는 단맛이 있어 설탕을 조절해서 넣어야 해요.*
- 우유 3Ts

1. 따뜻한 물에 유기농 설탕을 넣고 잘 저은 다음 드라이 이스트를 넣고 5분 정도 따뜻한 곳에 두세요(이스트가 밀가루를 잘 부풀게 할 거에요).

2. 밀가루에 소금과 베이킹 파우더를 잘 섞어주세요.

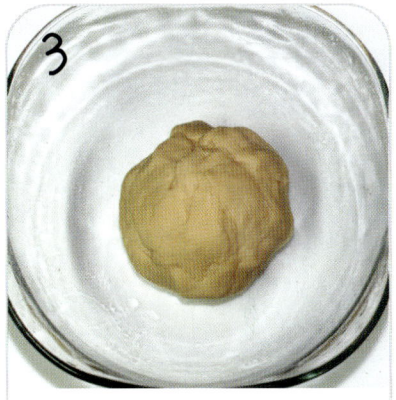

3. (2)의 밀가루에 포도씨유 1Ts과 플레인 요구르트, 우유, (1)을 넣어주세요. 처음에는 숟가락으로 젓다가 손으로 반죽하세요(7분 정도).

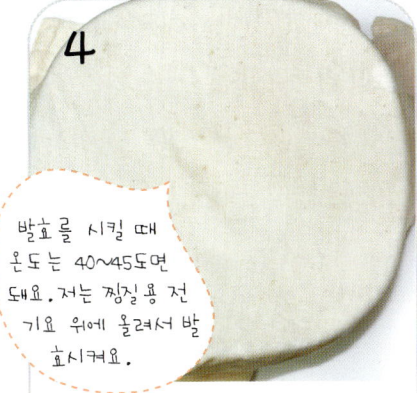

발효를 시킬 때 온도는 40~45도면 돼요. 저는 찜질용 전기요 위에 올려서 발효시켜요.

4. 젖은 천으로 덮어서 따뜻한 곳에서 15분 정도 발효시켜 주세요. 오븐 온도는 200~250도로 맞춰 예열해 주세요.

0.3~0.5cm 두께면 적당해요(얇게 하면 바삭하게 돼요). 숟가락으로 반죽을 눌러서 다시 올라오지 않으면 OK!

5. 두 배로 부풀면 주먹으로 공기를 빼주고 여섯 덩어리로 나눈 다음, 바닥에 밀가루를 뿌리고, 그 위에서 밀대로 얇게 밀어주세요.

부풀어 오르며 노릇하게 구워 지면 완성! 위에 로즈마리나 타임을 뿌려서 구워도 색다른 맛이랍니다.

6. 오븐용 트레이에 오일을 바르고 예열된 오븐 중간단에서 7~10분 정도 구워주세요. 두께에 따라 굽는 시간이 달라지므로 지켜봐 주세요.

45 통밀가루로 만들어 섬유질이 풍부한
차파티(Chapati)

우리밀 통밀가루는 도정을 최소한으로 해서 비타민과 영양소가 밀눈에 그대로 있어 아주 좋은 음식이에요.

고운 밀가루와 요구르트 등이 첨가된 난과는 달리 차파티는 거친 통밀로 만든 인도북부의 아침 식사용 빵으로, 재료도 아주 간단해요. 부드럽지는 않지만 우리 땅에서 자란 밀의 신선함과 영양이 아이들 건강에 도움이 될 거라 생각해요. 반죽하는 것이 좀 힘들지만 남편과 아이의 힘을 빌리면 맛도 더 좋겠죠!! 다 만든 차파티에 신선한 야채를 싸서 먹으면 신선함과 건강이 우리 가족 품으로 쏙 들어 올 것 같아요!!!

재료 우리밀 통밀가루 200g

소금 ½ts 맛소금은 짠 맛만 강하고 미네랄이 부족해요. 진짜 천일염이나 암염 같은 천연 소금을 사용하면 더 맛있어요.

물 8~9Ts 따뜻한 물을 사용하세요.

1. 밀가루에 소금을 잘 섞어주세요. 소금의 결정이 크다면 넣기 전에 손으로 부셔서 넣으세요.

2. 따뜻한 물을 밀가루 중앙에 붓고, 처음에는 숟가락으로 골고루 젓다가 손바닥을 이용해서 힘 있게 반죽하세요. 15~20분 이상 치대주어야 해요.

3. 반죽이 부드럽게 되었으면 반죽을 랩에 잘 싸서 냉장고에 1시간 이상 두세요. 다음날 사용해도 되구요.

두께는 아주 얇은 것이 좋아요.

4. (3)의 반죽을 꺼내 다시 부드럽게 주물러 준 후, 4등분 한것을 바닥에 밀가루를 뿌린 후 밀대로 밀어 주세요.

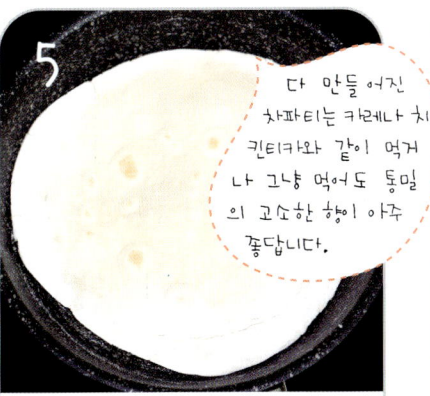

다 만들어진 차파티는 카레나 치킨티카와 같이 먹거나 그냥 먹어도 통밀의 고소한 향이 아주 좋답니다.

5. 두터운 팬이나 무쇠팬에 돌리면서 구워주세요. 부풀어오르는 부분은 손이나 넓은 숟가락을 사용해 꾹꾹 눌러 주면서 구워주세요.

cook & info : 인도의 주식은?

북부 인도는 밀이 많이 재배되어 난과 차파티 같은 빵을 주식으로 해요. 이슬람교도들이 많아 돼지고기를 먹지 않고, 요구르트를 많이 사용하죠.

남부 인도는 쌀이 주식이며 힌두교도들이 많기 때문에 쇠고기를 먹지 않고, 음식이 맵고 코코넛 밀크와 크림을 많이 사용합니다.

원기를 북돋아 주는 마늘이 식욕을 돋구어 줘요.

46 수프 마늘빵
바삭 바삭 씹는 소리도 맛있는

바삭한 수프빵을 만들어 수프에 넣어 먹으면 고급 레스토랑도 부럽지 않답니다. 만들기도 아주 간단해서 미리 만들어 냉동실에 보관해 두면 바로 바로 수프에 넣어 먹을 수 있어요!! 마늘과 올리브유의 궁합도 아주 좋아서 향이 입맛을 한층 돋구어 준답니다.

재료 식빵 2장 하루 정도 지난 굳은 빵이 좋아요.
올리브유 1Ts 엑스트라버진 오일을 사용하세요.
마늘 1쪽 잘게 다져 놓으세요.

1. 올리브유에 다진 마늘을 넣어 잘 섞어주세요.

2. (1)을 붓으로 묻혀 식빵 앞뒤에 꼼꼼히 발라주세요.

3. 식빵을 사방 1cm로 잘라주세요.

4. (3)을 오븐 팬에 담아 180도로 예열된 오븐에 넣고 15분 정도 구워주세요. 노릇노릇하게 구워지면 마늘빵 완성!

cook & cook

마늘 버터 만들기

재료 버터 200g | 마늘 6쪽 | 신선한 파슬리잎 다진 것 3Ts

1. 상온에 두어 부드러워진 버터에 마늘을 곱게 다져서 넣고, 파슬리잎 다진 것과 소금, 후춧가루를 넣어주세요(소금의 양은 ¼ts 정도).
2. (1)을 잘 섞은 다음 둥글게 모양을 만들어 종이 호일로 포장한 다음 냉장고에 두었다가 먹으면 돼요.

비타민과 무기질이 풍부한 허브는 요리에 향과 맛, 영양을 더하고 살균 효과도 있어 요리의 보존성을 높여준답니다.

47 허브향 가득한 빵
포카치아(Focaccia)

불에서 구운 것이라는 뜻이 담긴 포카치아는 이탈리아에서 먹는 빵으로, 담백한 맛이 일품이에요. 또한 빵 위에 올리는 허브향도 아주 좋답니다. 금방 만든 빵만큼 식욕을 당기는 것도 흔히 않을 거에요. 더욱이 아주 쉽게 만들 수 있다면 그 매력은 더하겠죠? 빵이라고 다 어려운 것은 아니니까요. 포카치아는 반죽하기도 쉽고, 위에 올리는 허브를 달리해서 다양한 포카치아를 만들 수도 있어요. 지금 한 번 아이를 위해 만들어 볼까요? 첨가제, 방부제 걱정이 사라진답니다.

재료
- 우리밀 백밀가루 2½컵
- 마스코바도 설탕 1ts
- 따뜻한 물 1컵
- 드라이 이스트 1Ts
- 올리브유 2Ts
- 소금 1ts
- 말린 로즈마리 1ts
- 옥수수가루 2Ts *제과제빵 재료상에서 살 수 있어요.*
- 적색 양파 ½개
- 신선한 로즈마리잎 *이마트 야채 코너에서 팔아요.*

따뜻한 물 1컵에 설탕을 녹여주세요.

(1)에 드라이 이스트를 넣고 10분간 두세요. 이스트가 설탕을 먹고 빵이 잘 부풀게 해줘요

밀가루 1컵과 (2)를 잘 섞어주세요.

랩으로 싼 다음 30분 정도 두면 두배 정도로 부풀어요.

나무 주걱으로 반죽하다 손으로 조심스럽게 하세요.

(4)에 올리브유, 말린 로즈마리와 밀가루 1컵을 넣고 5분 정도 치댄 다음 남은 밀가루를 넣고 반죽하세요.

올리브유를 그릇 안쪽에 바르고 (5)의 만들어진 반죽을 넣은 다음 젖은 천을 덮어 따뜻한 곳에서 1시간 동안 두세요.

5분간 두는 것을 후지기라고 하는데, 도우가 다시 잘 부풀 수 있게 잠시 쉬게 해 주는 것이지요.

두 배로 부푼 반죽은 주먹으로 눌러 공기를 빼주세요. 그리고 젖은 천을 위에 덮고 5분간 두세요.

1.5cm 두께로 밀어주세요. 나중에 두 배로 부풀어 올라요.

오븐 팬에 종이 호일을 깔고 옥수수가루를 뿌리고 도우를 올린 다음, 밀대로 민 후 옥수수가루를 뿌리고 천을 덮어 30분쯤 두세요.

적색 양파는 링 모양으로 자르고, 로즈마리잎은 손으로 뜯어 놓으세요.

손가락으로 눌러서 모양을 만드세요. 흔적이 남을 정도로만 살짝만 눌러주세요.

양파와 로즈마리를 골고루 뿌려주세요. 이것 외에 올리브나 말린 토마토를 올려도 맛이 좋아요.

200도로 예열된 오븐에서 25~30분 구워주세요.

48

바삭하고 맛있는 고소한 버터가 듬뿍
마늘 파슬리 바게뜨

만들기는 간단해도 여러모로 쓸모가 많은 마늘 파슬리 버터로 금방 만든 뜨끈뜨끈 바게뜨! 온가족이 좋아해요. 냉동실에 넣고 바로바로 구워먹으면 더 맛있어요.

재료 2~3인분
- 바게뜨 1개
- 강력분 300g
- 드라이이스트 3g
- 소금 1ts
- 물 180
- 마늘 5쪽
- 버터 200g 가염버터, 상온에 두어 부드럽게 해주세요
- 파슬리 4Ts
- 마스코바도 설탕 3Ts
- 소금 ½ts

비타민A와 C, 칼슘과 철분도 많은 파슬리는 혈관을 건강하게 해줘요.

1. 말랑해진 버터에 다진 마늘과 파슬리를 넣고 잘 섞어주세요. 무염버터는 소금을 넣어주세요.

파슬리는 잎만 다져서 넣으세요. 남은 마늘 파슬리버터는 냉장고에 보관하세요.

2. 바게트 사이사이와 위에 (2)를 바르고 위에 마스코바도 설탕을 뿌려주세요.

종이 호일에 싸고 랩에 싸서 냉동실에 보관하거나 중에 구워먹어도 돼요.

3.  종이호일에 싸서 200도로 예열된 오븐 중간단에서 15~20분간 구워주세요.

49 밀가루가 들어가지 않은
감자 수프

> 알카리 식품인 감자의 비타민 C는 가열해도 파괴되지 않아요. 우유와 같이 요리하면 우유의 칼슘과 감자의 아미노산이 보강되어 아이의 성장에 아주 좋아요.

식당에서 먹는 수프는 밀가루와 버터를 잔뜩 넣은 화이트 소스를 기본으로 한 수프들이 대부분인데, 이 감자 수프는 밀가루가 전혀 들어가지 않아 담백한 수프랍니다.
아침에는 탄수화물을 섭취해야 원활한 두뇌 활동에 도움이 된다고 하죠. 이때 닭고기 육수로 만든 감자 수프 한 그릇이면 아주 좋은 한 끼 식사가 될 거예요. 맛도 좋을 뿐만 아니라 속도 더부룩하지 않고 든든하다고 하네요.

재료 3인분

감자 큰 것 2개(350g) 잘 익을 수 있는 크기로 썰어 놓으세요.
양파 작은 것 1개(80~100g) 잘게 다져 놓으세요.
우유 ⅔컵
닭고기 육수 3컵 당장 쓸 닭고기 육수가 없다면, 시중에서 파는 치킨 스톡을 사용하세요. 소스 만들기 편에 만드는 방법이 있어요.

버터 또는 올리브유 지방을 제한해야 하는 가정에서는 올리브유를 사용하세요.
소금과 흰후춧가루 흑후추는 감자 수프의 흰색과 너무 두드러지므로 흰후추를 사용하세요.

작게 썰어야 요리 시간을 줄일 수 있어요.

감자와 양파는 잘게 썰어 놓으세요.

양파는 버터(또는 올리브유)를 넣고 약한 불에서 볶아주세요. 하얀색을 유지하는 것이 중요해요. 그래야 아이보리색의 감자 수프가 돼요.

감자를 같이 볶다가 소금과 후춧가루를 조금 넣어 줍니다. 아주 약한 불에서 5~8분 정도 타지 않게 주의하면서 볶아주세요.

닭고기 육수는 따뜻하게 데워 놓은 것을 사용하면 요리 시간을 훨씬 단축할 수 있어요.

(3)에 닭고기 육수를 넣고 한소끔 끓인 후 불을 줄여 감자와 양파가 익을 때까지 15~20분 정도 끓이세요.

불에서 내려서 식힌 후 믹서나 핸드 블렌더를 사용해 갈아주세요.

곱게 간 것을 다시 약한 불에서 데워주세요. 덩어리 없이 곱게 만들어야 해요.

우유를 넣어 농도를 조절하세요. 우유는 맛도 좋게 해준답니다. 먹을 때 소금과 후추로 간을 하세요.

cook & cook : 포차르 에그 (Poached Eggs)

재료 달걀 2개 | 식초 2Ts | 소금 1Ts

1 프라이팬에 물을 채우고 중간 불에서 식초, 소금을 넣고 끓기 시작하면 무스틀을 넣고 그 안에 달걀 2개를 넣으세요.
2 4분 후에 무스틀을 빼고 접시에 달걀을 놓으세요.

cook & info

우리가 먹는 수프는 어떤 종류일까요!

유럽에서 시작된 수프는 역사가 아주 긴 만큼 종류도 많아요. 화려하지 않고 소박한 음식이랍니다.

- 포타주 – 감자 수프나 버섯 수프처럼 농도가 짙고 걸쭉한 수프
- 크림 수프 – 생크림이나 우유를 넣은 수프
- 벨루테 – 밀가루와 버터를 볶은 루를 기본으로 하는 수프
- 콩소메 – 저온에 오래 끓인 맑은 수프

cook & cook

토마토 수프 만들기

재료 (3~4인분) 잘게 다진 토마토 200g | 감자 200g | 파 2대 | 올리브유 1Ts | 버터50g | 물이나 닭고기 육수 850ml | 소금 | 후춧가루

1 팬에 버터와 올리브유을 넣어 녹인 다음 어슷썰기 한 파를 넣고 볶다가 다진 토마토와 감자를 넣고 좀더 볶아주세요.
2 (1)의 팬에 물(또는 닭고기 육수)를 넣고 끓인 다음 감자가 다 익었으면 좀 식혔다가, 핸드 블렌더나 믹서로 갈아주세요.
3 갈아 놓은 것은 체에 걸러 팬에 넣고 뭉근히 끓이다가 소금과 후춧가루로 간을 해주세요. 아주 부드러운 수프가 완성!

> 버섯은 면역 기능을 높여주고 바이러스에 대한 저항력도 높여줘요. 콜레스테롤 축적을 억제해줘 성인병 예방에도 좋아요.

50 버섯 수프
버섯이 왕창

알칼리 식품이자 콜레스테롤의 축적을 억제해주는 버섯! 좋아하는 아이들도 있지만 싫어하는 아이들이 더 많은 버섯을 먹기 좋게 만들어 봤어요. 어떤 재료가 들어갔는지 모르게 수프로 말이죠. 전분 대신 감자로 수프의 부드러움을 살리고, 향기로운 버섯의 향과 살짝 씹히는 식감이 포인트인 버섯 수프! 사실 아빠가 더 좋아한답니다.

재료 3인분

감자 350g 큰 것 2개
버섯 350g 양송이, 표고버섯 골고루
양파 100g 작은 것 하나
마늘 다진 것 1ts
화이트 와인 ⅓컵 혹 있을 수 있는 닭고기 육수의 냄새를 제거해주어요.

닭고기 육수 2½컵 닭고기 육수는 만들어 놓은 것을 사용하세요. 만약 준비한 것이 없다면 치킨스톡큐브 2개를 넣으세요.
올리브유와 버터 조금
소금과 후춧가루 조금
싱싱한 파슬리나 쪽파 다진 것 버섯 수프 위에 장식용

1
감자, 양파, 버섯은 익기 쉽게 잘게 잘라주세요.

2
버터와 올리브유를 팬에 녹인 후 양파와 감자를 볶아주세요.

3
불을 아주 약하게 줄이고 뚜껑을 닫아 5분 정도 익히세요. 야채가 부드럽게 되면 적당해요.

4
잘라 놓은 버섯과 마늘을 넣고 볶아주세요.

5
육수와 화이트 와인을 넣고 10~15분 정도 끓여주세요.

소금과 후추로 약간 간을 해주세요. 물론 뜨거울 때 간을 하면 짠정도를 잘 느낄 수 없으니까 약간만 해주세요.

6
핸드 블렌더로 갈아요. 감자 수프 같이 아주 곱지는 않아요. 버섯 수프는 버섯이 약간 씹힐 정도로 갈아주면 쫄깃한 버섯의 식감을 느낄 수 있어요.

51 중화풍 쌀죽
꽁쥬(Congee)

> 소화되기 쉬운 쌀죽 아픈 아이를 위한 기력충전 음식이에요.

중국식 죽을 꽁쥬(Congee)라고 하는데, 오향으로 맛을 낸 간장으로 간을 맞춰서 아이들 입맛에도 잘 맞는 것 같아요. 달걀과 돼지고기를 죽과 같이 내놓으면 부족한 단백질도 함께 보충돼 약해진 우리 아이의 기력도 다시 찾을 수 있을 것 같아요. 장에 탈이 났을 경우에는 좀더 묽게 해서 만들어주면 아이에게 부담이 덜 가 먹기에 좋답니다.

재료 3인분

돼지고기 안심 300g
쌀 1½컵 *불려서 준비하세요.*
닭고기 육수 9~11컵 *준비된 것이 없다면 치킨스톡 1개를 사용하세요.*
달걀 2~3개
간장 1½컵

팔각 3개 *중국요리에 주로 쓰는 향신료로 별처럼 생겼어요.*
쪽파 *완성된 죽 위에 뿌릴 것이므로 곱게 다져주세요.*
소금, 후춧가루 조금

1

돼지고기 안심은 소금과 후추로 밑간을 해주세요.

2

달궈진 팬에 고기를 올리고 겉만 익혀주세요.

3

젓가락으로 찔러서 핏물이 나오지 않으면 익은 거예요.

오븐 용기에 종이 호일을 깔고 겉을 익힌 고기를 올린 다음 180도로 예열된 오븐에서 속까지 익힌(30분 정도) 다음 얇게 저며 주세요.

4

끓는 물에 달걀을 넣고 8~9분 익혀주세요.

5

달걀은 손바닥으로 지그시 눌러 밀어주어 껍질에 금이 사방으로 가게 해주세요.

6

간장에 팔각을 넣고 살짝 끓여주세요. 팔각 간장은 양념장으로 쓸 것이므로 종지에 양념장으로 쓸 양만 덜어내세요.

7 간장에 금이 간 달걀을 넣고 3분 정도 끓인 후 골고루 색이 입혀지게 굴려주세요.

8 달걀 껍질을 까면 마블링이 나 있고, 팔각의 향도 배어 있을 거예요. ¼ 조각으로 잘라주세요.

죽을 되게 하고 싶으면 5배, 묽게는 10배 정도가 되도록 육수를 조절 하세요.

9 불린 쌀에 닭고기 육수를 부어주세요. 물은 쌀 분량의 5~10배 정도로 조절해서 부어주세요.

한번 끓으면 불을 아주 약하게한다음 젓지 말고 끓여주세요. 저으면 글루텐이 생겨 끈적거리는 죽이돼요.

10 쌀알이 푹 퍼지면 그릇에 담고 위에 돼지고기 안심과 달걀, 쪽파 다진 것을 얹으면 완성이에요. 간은 팔각 간장으로 하세요.

---

cook & info

중국의 죽

중국의 죽은 백죽과 재죽으로 나눠져요. 중국의 북방지역에서는 아침에 죽을 먹는답니다.

흰죽은 쌀에 충분히 물을 부어 쌀알이 퍼질 때까지 3시간 이상 푹 끓인 것이고, 재죽은 흰죽 안에 고기나 어패류를 넣어 끓인 죽이에요.

흰죽에 넣는 재료에 따라 죽 이름이 달라지는데 돼지고기, 돼지내장, 닭고기, 전복, 생선살, 생선완자, 새우, 옥수수, 밤 등 다양한 재료를 사용한다고 해요.

cook & cook

우유로 타락죽 만들기

 (2~3인분) 불린 쌀 1컵 | 우유 6컵 | 물 2컵 | 소금 1ts

1 충분히 불린 쌀은 물 2컵과 함께 믹서에 아주 곱게 갈아주세요.
2 (1)을 체에 받친 다음 받쳐진 부분을 냄비에 넣고 중불에서 끓여주는데, 이때 우유도 조금씩 넣어주세요(뭉쳐지지 않도록 저어주면서 소금으로 간을 하면 돼요). 아주 부드럽게 만들어졌다고 생각되면 완성!

52 치킨 누들 수프
감기에는 바로 이것!

감기 예방 및 감기에 지친 아이를 위한 수프

미국 슈퍼마켓의 수프 코너에서 항상 볼 수 있는 캔 수프 중에 대표적인 게 바로 치킨 누들 수프에요. 감기에 걸렸다고 생각되면 뜨겁게 만들어 먹고 싶어지는 수프, 한 끼 식사로 충분하지요. 진한 닭고기 육수에 야채와 에그 누들을 넣어 영양면에서도 아주 균형 잡힌 식사로 손색이 없답니다. 아이가 감기에 걸려 입맛 없어 할 때 만들어주면 먹기도 수월할 뿐만 아니라 닭고기가 약해진 아이에게 힘을 줄 거에요. 매운 것을 먹을 줄 아는 아이라면 핫소스를 넣어 감기를 한방에 물리칠 수도 있겠죠!!

재료 3~4인분	
닭가슴살 1개	닭고기 육수 4컵
마늘 1개 저며 놓으세요.	올리브유 조금
양파 ½개	소금 조금 입맛에 맞춰 간을 하세요.
당근 ½개	후춧가루 조금
셀러리 ½대	
에그 누들 1개 수입 재료상에서 파는 홍콩 면을 에그 누들이라 합니다.	

1. 다진 양파를 올리브유에 볶아주세요. 색이 진해지지 않고 부드러워지면 돼요.

2. 양파가 부드러워졌으면 닭고기 육수를 넣고 끓여주세요.

3. 당근과 셀러리는 잘게 다져 (2)에 넣고 뚜껑을 덮어 5분 끓여주세요 (아이가 어리거나 편도선이 부었다면, 야채는 아주 잘게 다져주세요).

4. 닭가슴살은 먹기 좋게 사각썰기를 해서 올리브유에 마늘과 함께 잘 볶아주세요.

5. 에그 누들은 잘게 부순 다음 (3)의 냄비에 넣고 뚜껑을 열어 둔 채로 10분간 끓이세요.

6. (5)에 볶아 놓은 닭가슴살을 넣고 한소끔 끓으면 소금으로 간을 해주세요.

쌀보다 철분, 칼슘, 비타민이 많은 보리로 만든 요리에요.

53 국물 맛이 진한
쇠고기 보리 수프

몸에 좋은 영양소가 듬뿍 있다고 해도 잡곡은 아이들이 먹기에는 여전히 어려운 것이 사실이지요. 하지만 보리를 수프로 만들어 주면 소화력이 떨어지는 아이도 쉽게 먹을 수 있을 거에요. 진한 쇠고기 육수에 야채와 함께 먹는 쇠고기 보리 수프, 추운 날 기력이 떨어질 때 만들어 보자구요.

재료 3인분
국갈비 500g
양파 중간 것 2개 ¼로 잘라 놓으세요.
당근 ½개
파 1대
샐러리 ½대

보리 50g 압맥으로 사용하고 충분히 물에 불려 놓으세요.
소금, 후춧가루 조금

1

갈비는 뼈를 발라내고 살코기 부분만 준비하세요.

2

살코기에서 지방을 발라내고 사방 1.5cm 정도로 잘라주세요. 아이가 어리다면 더 잘게 잘라야겠죠.

3

찬물에 살을 발라낸 뼈와 양파를 넣고 뚜껑을 닫지 않은 채 한번 끓인 다음 불을 줄이고 뚜껑을 닫아 뭉근히 40~50분 이상 끓여주세요.

4

천은 두레생협에서 파는 소창천(연해주)을 사용했어요. 표백처리하지 않아 형광물질의 위험에서 안전해요.

깨끗한 천에 (3)을 걸러내세요. 그럼 지방과 찌꺼기가 제거된 깨끗한 국물을 얻을 수 있어요.

5

야채는 잘게 잘라서 준비해 놓으세요.

6

다 끓인 수프에 약하게 간을 하고 먹을 때 간은 다시 하세요. 끓여서 나온 거품은 수저로 떠내세요.

야채와 (2)의 쇠고기 보리를 (4)에 넣고 물 한 컵을 넣고 끓이세요. 약불에서 20분 쯤 끓인 후 보리가 익도록 40분 정도 뭉근히 끓이세요.

> 소화흡수가 잘 되는 당질과 비타민 A를 많이 함유한 쥬키니 호박! 수프로 만들어 먹으면 더욱 좋아요.

54 그린색이 더욱 빛나는
쥬키니 호박 수프

호박을 좋아하는 아이는 아마 별로 없을 거에요. 하지만 수프로 만들면 호박인지 모르고 예쁜 색에 반해 즐겁게 먹는답니다. 또한 소화도 잘 되니 너무 좋아요. 쥬키니 호박 대신 애호박을 쓰면 단맛이 더 나겠지만 그린색이 예쁘게 돋보이게 하려면 쥬키니 호박을 사용하세요.

재료 3인분

쥬키니 호박 400g *여름에는 제철인 애호박을 사용하세요.*
적색 양파 ½개 *흰양파도 좋아요.*
올리브유 1Ts
감자 1개
닭고기 육수 750ml

마늘 1쪽 *잘게 다져놓으세요.*
달걀 1개
파마산 치즈 15g
소금, 후춧가루 조금

1. 올리브유에 양파를 볶아주세요. 색이 나지 않게 부드럽게 되도록 볶아주세요.

타지 않게 조심해서 볶아야 예쁜 그린색 호박 수프가 돼요.

2. 호박은 가늘게 썰어 (1)에 넣고 7분 정도 볶아주세요. 타지 않게 볶아야 해요(중간불). 감자를 넣고 3분 정도 더 볶으세요.

믹서에 (3)을 곱게 갈아주세요. 핸드 블렌더를 사용해도 돼요.

3. 닭고기 육수를 넣고 한소끔 끓으면 불을 줄이고 뚜껑을 덮어 야채가 잘 익게 25~30분 정도 뭉근히 끓이세요.

(3)이 너무 뜨거우면 달걀이 익어버리므로 약간 식혀서 넣어주세요.

4. 냄비에 달걀과 곱게 다진 마늘, 파마산 치즈를 넣고 거품기로 잘 섞어주세요. 갈아놓은 (3)을 넣어주세요.

5. 약한 불에서 (4)을 뭉근히 끓인 다음 그릇에 수프를 담고 수프에 빵을 넣어 같이 먹으면 좋아요.

cook & info : 애호박과 쥬키니 호박

우리나라에서 나는 애호박은 단맛이 나 전에 많이 사용하고 미국이 원산지인 쥬키니 호박은 애호박보다 크고 돼지 호박이라고도 해요.

> 셀레늄이 가장 많이 함유된 브로콜리와 칼슘과 철분이 풍부해 성장기 아이 발육에 좋은 시금치 수프를 만들어 먹어봐요.

55 슈퍼 영양 덩어리!! 브로콜리 시금치 수프

슈퍼 푸드 14가지 중 세 가지, 즉 브로콜리, 시금치, 호두가 들어가는 수프에요. 생각만 해도 엄청 건강해질 것 같죠! 입에서 씹는 맛을 느낄 수 있게 갈지 말고 야채의 모양과 맛이 그대로 살아 있게 만들어 보아요. 완성된 수프에 호두를 뿌려주면 고소함이 한층 살아 있는 슈퍼 영양 수프가 완성된답니다.

재료 3인분

브로콜리 150g 굵은 줄기부분은 잘라내고 먹기 쉽게 예쁘게 잘라주세요.
적색 양파 ½개 잘게 잘라주세요.
감자 1개 먹기 쉬운 크기로 잘라주세요.
시금치 100g 4cm 길이로 잘라 준비하세요.
닭고기 육수 2컵(500ml)

올리브유 1Ts
마늘 1개 잘게 다져놓으세요.
레몬즙 1ts
브리 치즈 80g 사방 1.5cm 잘라 놓으세요.
호두 1개 다져서 준비해주세요.

1. 올리브유에 마늘을 볶다가 다진 양파를 넣고 4분 정도 더 볶아주세요.

2. 브로콜리와 감자는 먹기 쉽게 잘라 (1)에 넣어 같이 볶아주세요(2분).

3. 닭고기 육수를 붓고 감자가 익게 15~20분 정도 끓이세요.

4. 시금치와 브리 치즈, 레몬즙, 소금, 후춧가루를 (3)에 넣어주세요. 접시에 담고 위에 호두 다진 것을 뿌려서 내놓으세요.

cook & cook

브로콜리 수프 만들기

재료 (2~3인분) 브로콜리 한 송이 | 양파 ½개 | 마늘 1쪽 | 감자 ½개 | 닭고기 육수 300ml | 우유나 생크림 100ml | 올리브유 1Ts | 소금 후춧가루 조금

1. 냄비에 올리브유을 두르고 채 썬 양파와 마늘, 감자를 볶다가 잘게 잘라 놓은 브로콜리와 닭고기 육수, 우유(또는 생크림)를 넣고 저어가면서 끓여주세요.
2. 야채가 충분히 익었으면 소금과 후춧가루로 간을 하고 믹서나 핸드 블렌더로 갈아주세요.
3. 곱게 갈린 수프는 다시 냄비에 넣고 약간 데운 다음 먹으면 돼요.

아미노산과 비타민, 무기질이 풍부해서 허약해진 아이와 눈의 피로 회복에 특히 좋아요.

56 찬밥으로 간단하게
영양전복죽

식당에서 파는 초록색 전복죽이 아닌 하얀 전복죽이에요. 아이가 싫어할 수 있어 초록색 전복 내장은 육수를 만들어 사용해요.

재료 2~3인분

- 전복 250g 중간크기로 3~4개정도예요.
- 쌀밥 300g 쌀보다 훨씬 빠르게 죽을 만들 수 있어요.
- 양파 40g 양파 작은 것이 100g 정도하니까 작은 것 반 못되게 사용하세요.
- 애호박 40g 잘게 다져 놓으세요.
- 당근 30g 잘게 다지세요.
- 참기름 ½ts
- 소금 ½ts
- 물 2½컵 1컵이 250ml인 계량컵을 사용했어요.

1 전복은 솔로 살 쪽을 깨끗이 씻은 다음, 전복의 관자와 껍질 사이에 숟가락을 넣고 살짝 힘을 주어 떼어주세요.

내장과 살을 칼로 살살 잘라 분리해 주세요.

2 물 2½컵에 전복내장과 소금을 넣고 끓여주면 위의 사진처럼 진한 육수를 얻을 수 있어요.

3 냄비에 참기름을 넣고 잘게 다진 전복과 잘게 다진 양파, 애호박, 당근을 넣고 볶아주세요. 전복은 열을 가할수록 질겨지니까 아이를 위해 잘게 다지세요.

밥을 이용한 죽은 빨리 만들 수 있어 전복을 처음부터 넣어도 괜찮아요.

4 (2)의 육수 2컵과 밥을 냄비에 넣고 끓으면 약불로 줄이고 10~15분간 눋지 않게 가끔 저어주며 뭉근히 끓여주세요.

달걀 노른자를 올려 같이 먹어도 좋아요

cook & cook

늙은 호박 수프 만들기

재료 늙은 호박 400g 과육만 잘라서 준비하세요. | 버터 20g | 물 65g | 넛맥 아주 조금 엄지와 검지로 집을 수 있는 만큼 사용하세요. | 타임 아주 조금 | 우유 1½컵 | 불린 쌀 20g | 소금, 후추 조금

1 큰 소스 팬에 버터와 호박을 넣고 15분 정도 중간 불에서 볶다가 물을 붓고, 넛맥과 타임을 넣은 다음 뚜껑을 덮어 호박을 익혀주세요.

2 호박에 우유를 조금 넣고 핸드 블렌더나 믹서로 갈아주세요.

3 나머지 우유와 쌀을 넣고 쌀이 익을 때까지 뭉근히 끓여주세요(뚜껑을 닫아주세요). 소금, 후추로 간을 해서 먹으면 돼요!

4. 스트레스를 없애주는 간식, 디저트와 에피타이저

한 끼 식사보다는 양은 적게 하지만 영양을 생각해야 하는 것이 간식이죠. 양질의 탄수화물과 무기질, 비타민이 풍부한 미니단호박과 건뇌식품인 호두, 단백질과 여러 영양소가 소화되기 쉬운 형태로 된 치즈나 비타민이 풍부한 감자 같이 좋은 재료를 사용해 아이에게 부족하기 쉬운 영양분을 공급해주도록 해요. 또한 마스코바도설탕이나 초코릿으로 달콤함을 주어 아이의 스트레스를 없애주는 간식을 만들어 봐요.

57 미니 단호박 과자
감기야 물렀거라!!

단호박에는 비타민 B와 C가 듬뿍 들어 있어 환절기의 감기 예방에 효과가 있답니다. 그래서 쉽게 먹을 수 있는 과자로 만들어 보려고 해요. 알 수 없는 각종 첨가제 투성이 과자 대신 엄마의 정성이 담긴 미니 단호박 과자를 만들어 우리 아이들에게 주면 더없이 좋은 간식거리가 될 거에요. 보통 단호박은 약간의 쓴맛이 있어 설탕이 많이 들어가야 해요. 대신 단맛이 풍부한 미니 단호박을 쓰면 훨씬 더 맛있겠죠? 겉은 바삭하고 속은 부드러운 미니 단호박 과자로 아이에게 점수를 따보도록 해요.

단호박에 들어 있는 비타민 B군과 비타민 C가 듬뿍! 노란색의 카로틴이 건강을 지켜줘요!!

재료
미니 단호박 2개
마스코바도 설탕 3ts 천연설탕인 마스코바도 설탕은 덜 달아요.
계피가루 1ts ts = tea spoon
달걀 1개 중란(44~52g)
소금 ¼ts

우리밀 통밀가루 3Ts Ts = Table Spoon 양식기 중 수프먹는 숟가락 크기예요.
아몬드가루 4Ts 아몬드는 분쇄기로 갈아서 넣어주세요. 아몬드를 팬에 구우면 더 고소해요.
조청 2Ts
호두 4Ts 먹기 쉽게 잘라주세요.

미니 단호박은 반으로 갈라 씨를 긁어낸 후 찜통에서 푹 쪄주세요. 젓가락으로 찔러서 쉽게 들어가면 다 익은 거에요.

껍질을 뺀 오렌지색 부분만을 그릇에 담고 덩어리가 생기지 않게 곱게 으깨주세요. 감자 으깨기를 사용하면 더 쉽게 할 수 있어요.

계피와 설탕을 넣고 반죽하세요. 설탕 3ts는 과자에 약간의 단맛만 줘요. 좀더 달게하고 싶으면 더 넣도록 하세요.

아몬드가루는 미니 단호박 과자를 더 고소하게 해준답니다.

아몬드가루를 넣어주세요.

통밀가루와 달걀을 넣어주세요. 덩어리가 생기지 않게 잘 섞어주세요.

조청을 넣으세요. 조청은 과자의 쫄깃함을 더해줘요. 만약 바삭한 맛을 원하면 조청 대신 설탕을 좀더 넣어주세요.

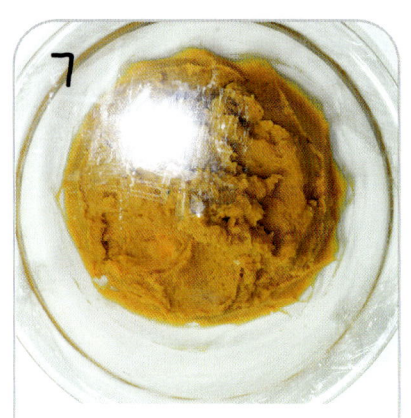

반죽이 다 되었으면 랩으로 싸서 재료들이 서로 어울리도록 해주세요. 30분~1시간 정도 놔두세요.

오븐트레이에 종이 호일을 깔고 숟가락으로 떠서 눌러 모양을 만들고 호두를 위에 올려주세요. 180도로 예열된 오븐에서 30분 동안 구워주세요.

> 종이 호일은 알미늄 호일 대신 안심하고 사용할 수 있어요. 빵이나 과자를 구울 때나 생선을 구울 때 프라이팬에서도 안심하고 사용할 수 있어요.

 어떤 오븐이 좋을까?

만약 오븐이 없어 새로 오븐을 구입해야 한다면 구입 시 다음 사항을 참고하세요.

- 자동 꺼짐 기능이 있는지 확인하세요. 요리를 하다 보면 깜박 잊기 십상일 때 꼭 필요한 기능입니다. 음식이 탈 걱정이 없겠죠.
- 자동 청소 기능이 있는지 확인하세요. 오븐 내부가 기름때로 인한 끈적거림이 없답니다.
- 냄새 제거 기능이 있는지 확인하세요.
- 컨벡션 기능이 있는지 확인하세요. 팬을 돌려 오븐 안의 온도를 일정하게 유지해 주는 컨벡션 기능이 있어야 음식을 요리할 때 편리해요. 하지만 가정용 가스 오븐의 이 기능은 주로 같은 칸에서 효과를 발휘해요. 불이 들어 오는 쪽이 온도가 높아 음식이 타기 쉬우니 꼭 중간단에서 요리하세요.

종이 호일, 어떤 것이 좋을까?

- 자연에서 온 종이 호일 - 제가 주로 사용하고 있는 제품인데, 다양하게 쓸모가 많아요. 중금속 함유와 환경호르몬 문제에서 어느 정도 자유롭게 사용할 수 있어 좋답니다. 독일에서 인증 받은 제품이라고 해요. 가격은 5,300원 정도 되고요.

- 글래드 베이크 페이퍼(Glad Bake Paper) - 호주산이고 롯데마트에서 팔고 있어요. 가격은 4800원 정도이고 달라붙지 않는 재질이라 기름 두를 필요가 없어 지방 섭취를 줄일 수 있지요. 부침/튀김 요리를 담아낼 때도 키친타월 대신 깔아서 사용하면 달라붙지 않아 위생적이에요.

58 못생겼지만 맛으로 승부 건
우리밀 과일 도넛

밀가루를 아이에게 안 먹인다구요!! 하지만 우리밀은 안심하고 먹여도 좋답니다. 무농약 우리밀은 그 해에 수확된 것을 그해에 바로 도정한 신선도 100% 밀가루에요. 먹어도 속이 더부룩하지 않아요!!

집에서 쉽게 찾을 수 있는 재료를 모아 우리밀로 도넛을 만들어볼까요? 도넛은 아이들이 무척 좋아하지만 높은 열량 때문에 많이 망설이게 되는데, 일주일에 한 번 정도 아이들과 같이 들어갈 재료를 골라보면서 만들어봐요. 포도씨유로 튀겨내면 느끼하지 않고 과일의 향과 맛도 제대로 느낄 수 있어 좋답니다.

재료

- 우리밀 통밀가루 100g 섬유질이 풍부한 통밀가루를 사용해요.
- 마스코바도 설탕 2Ts
- 베이킹 파우더 ½ts
- 소금 조금 엄지와 검지로 집는 정도의 양
- 바나나 40g
- 프룬 40g 건포도가 있다면 사용하세요.
- 완두콩 40g
- 사과 40g
- 옥수수 40g 옥수수는 되도록 캔을 사용하지 말고 찐 옥수수를 사용하세요.
- 생크림 또는 우유나 두유 4Ts
- 포도씨유 포도씨유는 기름 특유의 향이 적어 재료 고유의 맛을 잘 살려주고 튀김요리에 아주 좋답니다.

1. 완두콩과 옥수수는 삶아서 준비하세요. 사과, 프룬, 바나나는 잘게 잘라주세요.

2. 밀가루는 체에 쳐서 그릇에 담고 달걀 노른자와 설탕, 베이킹 파우더, 생크림을 넣어주세요.

3. 흰자 두 개는 핸드 믹서로 거품을 충분히 내주세요. 거품에 믹서기의 흔적이 남으면 머랭(흰자 거품낸 것)이 완성된 거에요.

나무 숟가락을 이용해서 반죽하는 것이 좋아요.

4. (3)의 거품을 (2)에 넣고 반죽하세요. 약간의 탄력이 있으면서 질게 반죽하면 되요. (1)의 재료를 넣고 골고루 섞어주세요.

5. 포도씨유를 넣고 150도로(약불과 중불 사이) 가열해서 튀겨주세요. 반 숟가락 정도 떠서 돌려가면서 노릇노릇하게 튀겨 주세요.

6. 믹서로 간 설탕과 계피가루를 준비해서 튀겨 놓은 도넛에 묻혀서 내놓으세요.

> 우리밀로 만든 백밀가루를 사용하면 향긋한 밀의 향과 함께 소화도 잘 된답니다. 마스코바도 설탕을 쓰면 색이 노랗지 않고 짙게 만들어져요. 산딸기랑 같이 먹으면 좋아요.

59 오븐 NO!! 베이킹 파우더 NO!!
찜통 카스테라

아이의 간식으로 자주 등장하는 카스테라, 노란 속살이 보들보들한 것이 소화도 잘되고 아이에게도 좋을 것 같아 종종 사먹이게 되죠. 하지만 너무 단맛에 조금은 망설이게 되는 것도 사실이에요. 그래서 오븐 대신 찜통을 쓰고, 베이킹 파우더도 넣지 않고, 설탕도 확 줄여 건강 만점 엄마표 카스테라를 만들어 보려 합니다. 오븐에서 굽지 않아 보슬보슬하지는 않지만 촉촉함은 배가 되니 아이가 좋아한답니다.

재료 (크기 9×7cm 의 카스테라 1개 분량이에요.)

- 달걀 4개 소란은 5개, 중란은 4개를 사용하세요.
- 우리밀 백밀가루 100g
- 마스코바도 설탕 80~90g 미네랄이 풍부하고 향이 풍부한 천연 설탕!
- 뜨거운 물 50ml
- 바닐라 에센스 4~5방울 단맛은 없지만 달콤함을 더해주는 바닐라 빈에서 추출한 천연 향료에요. 바닐라 빈이 있다면, 그걸 사용하세요. 훨씬 풍부한 향과 맛을 느낄 수 있어요. 양은 바닐라 빈 반 개면 충분해요.
- 포도씨유 50g

1 마스코바도 설탕은 결정이 많아 빵을 만들 때는 믹서를 사용해 곱게 갈아주어야 해요.

정제된 설탕보다 훨씬 덜 달기 때문에 90g 정도는 넣어야 하지만, 백설탕을 넣을 경우 80g을 넣으세요. 그리고 건강을 위해 설탕의 양을 조금씩 줄여주세요.

2 밀가루는 체에 쳐서 부드럽게 해주고, 달걀은 노른자와 흰자를 분리해 놓으세요. 노른자만 사용하고 흰자는 과자 만들 때 사용하세요.

3 분리해 놓은 노른자에 설탕을 넣고 저어주세요. 거품기를 쓸 때는 먼저 노른자를 잘 풀어준 후 설탕을 조금씩 넣으면서 저어주세요.

*달걀 규격
소란 : 44og 미만
중란 : 44~52g
대란 : 52~60g
특란 : 60~68g
왕란 : 68g 이상*

4 설탕이 다 녹아 색이 하얗게 될 때까지 열심히 저어주세요.

바닐라 빈을 사용할 때는 바닐라 빈을 반으로 갈라 칼등으로 바닐라 꼬투리 안쪽을 긁어 낸 것과 꼬투리를 물에 넣으세요. 뜨겁게 물을 데운 후 꼬투리만 빼주고 사용하세요.

5 (4)에 뜨거운 물을 조금씩 부어주면서 계속 저어주세요. 한꺼번에 물을 부으면 노른자가 익어버리므로 조금씩 그릇 한쪽으로 흘려주세요.

6 반죽이 걸쭉하게 되면 체에 쳐둔 밀가루를 다시 체로 쳐 넣어주세요. 밀가루를 섞을 때는 깔끔이로 재빨리 섞어주세요.

빨리 섞어야 카스테라가 잘 부풀어 오른답니다. 그릇을 돌리면서 아래에서 위로 빨리 섞어야 해요

기름이나 버터를 빵 반죽에 넣을 때는 반죽 두 스푼 정도를 미리 기름이 있는 그릇에 섞은 다음, 본 반죽에 섞어야 빵이나 케이크가 고르게 부풀어올라요.

포도씨유 50g을 반죽에 섞어주세요. 이때 바닐라 에센스도 같이 넣어주세요.

종이 호일(베이킹 페이퍼)을 깐 케이크 틀에 다 된 반죽을 넣고 탁탁 틀을 쳐서 공기를 빼주세요.

찜통은 미리 불에 올려 놓아 끓으면 불을 약불과 중불 사이로 낮추고 틀을 넣은 다음 20~30분 정도 찌세요.

흰 설탕과 마스코바도 설탕을 반씩 써서 만들어서 완성사진보다 색이 덜 진해요.

잘 부풀어 오르면 젓가락으로 찔러서 반죽이 묻어 나오지 않으면 잘 된 거에요. 노르스름하게 구워진 건강 만점의 예쁜 카스테라랍니다.

cook & info

밀가루를 먹으면 속이 더부룩하고 소화가 잘 안 되는 이유는?

외국 밀로 만든 시중의 밀가루는 농약과 살균제 처리를 잔뜩 했기 때문이래요. 우리밀은 외국산 밀과는 반대로 추운 겨울에 자라기 때문에 농약을 뿌리지 않고, 햇밀을 저장 보관해서 바로 도정해서 만들기 때문에 밀의 향과 영양이 그대로 살아 있는 안전한 먹거리에요. 외국은 대부분 다른 나라에 팔기 위해 대량으로 밀농사를 하고 저장, 수송 과정도 투명하지 않다고 하네요. 우리밀로 우리 아이의 건강을 지키자고요!

cook & info

제가 주로 사용하는 밀가루에요.

- 우리밀 백밀가루 – 과자나 카스테라, 수제비 같은 것을 만들 때 사용하면 좋아요. 끈기가 부족해서 강력분으로 만드는 식빵 같은 빵 종류를 만들 때는 다소 사용하기가 불편하기도 하지만 아이를 위해 애용하고 있어요.
- 우리밀 통밀가루 – 밀의 15%만 제분해서 영양이 더 풍부한 밀가루에요. 밀가루에서 밀의 향긋함을 느낄 수 있어 좋아요.

60 부드러움이 몽글몽글
바나나빵 푸딩

섬유질이 풍부한 바나나, 변비가 심한 우리 아이에게 좋답니다.

가격은 싸지만 보관이 쉽지 않아 빨리 먹어야 하는 부담감이 있는 바나나! 냉동실에 얼려 먹는 것도 한계가 있죠. 이럴 때 바나나빵 푸딩을 만들어 먹으면 건강도 챙기고 음식 낭비도 줄이고 좋겠죠? 집에 항상 있는 재료지만 잘 이용하면 비싼 케이크보다 훨씬 맛도 좋고 건강에도 좋은 간식거리로 변신할 수 있답니다. 뜨거울 때 먹거나 차갑게 식혀 먹어도 좋은 간식이에요.

재료
바나나 4~5개
식빵 5장 바게뜨빵이나 식빵류 다 좋아요.
생크림 1컵 250ml 기준으로 1컵입니다.
저지방 우유 1컵 250ml
마스코바도 설탕 5Ts 곱게 갈아 쓰세요.
건포도 5Ts 프룬(건자두)이 있다면 같이 넣어주세요.

냉장고에 남아있는 빵을 모두 사용하세요!

빵은 잘게 뜯어놓으세요.

바나나는 보관이 힘든 과일 중 하나에요. 검게 변색되기 전에 꼭 썰어서 냉동 보관하면 여러 모로 쓰기 편해요.

바나나는 어슷하게 썰어주세요.

빵에 설탕을 넣어주세요. 잘 섞이도록 분쇄기를 이용해 설탕을 갈아서 사용하면 더 좋아요.

생크림과 우유를 넣고 수저를 이용해 잘 버무려주세요.

건포도를 넣고 섞어주세요. 건포도 대신 건자두(프룬)도 좋아요. 섬유질이 더 풍부해서 변비에는 아주 좋아요.

내열용기에 포도씨유나 버터를 골고루 발라주세요.

(5)의 반죽을 1.5cm 정도 펴서 넣고 위에 바나나를 빈틈 없이 깔아주세요.

이런 식으로 4~5층 정도 쌓아주세요.

마지막은 빵 반죽으로 마무리하고 위에 계피가루와 간 설탕가루를 뿌려주세요

220도로 예열된 오븐 중간단에서 40분~50분 정도 구워주세요.

반죽이 부풀어 오르고 위는 바삭하고 노릇한 갈색으로 구워지면 완성! 위는 바삭하지만 속은 부드러워 숟가락으로 떠먹으면 돼요.

cook & cook

바나나 스무디 만들기(1~2잔 분량)

● 재료 : 잘라서 얼린 바나나 1개 | 플레인 요구르트 150ml | 꿀 1Ts | 각얼음 7개

● 아몬드가 들어간 바나나 스무디!
● 재료 : 토막 내어 얼린 바나나 1개 | 아몬드 7개 | 우유 150ml

● 딸기가 들어간 바나나 스무디!
● 재료 : 플레인 요구르트 250ml(1컵) | 얼린 딸기150g(½컵 정도) | 얼린 바나나 1개 | 오렌지주스 2Ts | 꿀 2Ts

● 골드키위가 들어간 바나나 스무디!
● 재료 : 플레인 요구르트 250ml | 잘라서 얼린 바나나 1개 | 골드키위 1개 | 오렌지주스 2Ts | 꿀 2Ts

● 복숭아가 들어간 바나나 스무디!
● 재료 : 플레인 요구르트 200ml | 복숭아 ½개 | 잘라서 얼린 바나나 1개 | 얼린 딸기 1개 | 오렌지주스 1Ts | 꿀 2ts

61 울퉁불퉁해서 더 맛있는
왕 슈크림

> 달콤한 슈크림의
> 탄수화물은 지친
> 아이에게 활기를
> 줘요!

슈는 불어로 양배추라는 뜻이래요. 양배추같이 울퉁불퉁한 모양이지만, 입에서 사르르 녹아내리는 달콤함 때문에 항상 작은 슈크림으로는 아쉬움이 남았던 슈크림! 그래서 집에서 만들 때는 슈의 크기를 크게 해서 만들어 봤어요. 슈는 반죽만 잘하고 분무기만 있다면 쉽게 만들 수 있어요.

재료

〈커스터드 크림〉 여유있게 만들어 봐요.
- 우리밀 백밀가루(또는 박력분) 2Ts
- 옥수수 전분 2Ts
- 마스코바도 설탕 90g
- 우유 400ml
- 달걀 4개 중란
- 럼 1ts 사탕수수를 원료로 한 증류수로 럼의 향이 달걀의 비린내를 완화시켜주죠.
- 바닐라 에센스 조금 바닐라 에센스 대신 바닐라 오일도 좋아요. 단 가루로 된 바닐라 맛 첨가물은 사용하지 마세요.

〈슈〉 지름 4cm의 슈가 13~14개 나올 분량
- 우리밀 백밀가루(또는 박력분) 60g
- 버터 60g 무염버터
- 달걀 3개 중란(44~52g 크기)
- 물 100ml
- 소금과 설탕 조금 맛을 상승 시켜 줄 만큼인 엄지와 검지로 집는 양이에요.

1. 커스터드 크림을 만들어 봐요. 재료는 정확하게 계량해서 준비하세요.

2. 달걀은 풀어서 팬에 넣고 우유를 조금(¼ 정도) 넣어 저어주세요. 불에는 아직 올리지 마세요.

3. 전분과 박력분, 설탕을 넣고 저어주세요. 뭉치지 않게 잘 섞어주세요. 뭉쳤을 때는 작은체로 뭉친 것을 내려 곱게 만들어 주세요.

cook & cook

남은 달걀 흰자로 머랭 과자 만들기

 달걀(큰 것) 흰자 3개 | 가루설탕 ⅔컵 | 딸기(또는 산딸기, 골드키위 등) 생크림

1. 달걀 흰자를 핸드 믹서로 거품을 80% 정도만 내고 가루설탕 반만 천천히 넣고 거품을 완전히 내주세요(거품이 모양을 유지할 수 있는 정도). 나머지 설탕도 천천히 한 숟가락씩 넣으면서 거품이 꺼지지 않을 정도로 핸드 믹서를 계속 돌려주세요.
2. 오븐 팬에 종이 호일이나 베이킹 페이퍼를 깔고 만들어진 머랭(1)을 지름 10cm의 원으로(두께는 2cm 정도) 깔고, 150도로 예열된 오븐에서 40~50분 정도 겉이 노릇할 정도로 구워주세요.
3. 만들어진 머랭 과자를 위에 휘핑된 생크림과 딸기를 올려 먹으면 돼요.

나머지 우유는 전자레인지에 2분 정도 데워서 (3)의 팬에 넣고 저어주세요.

(4)의 팬을 중불에 크림 상태가 될 때까지 저어주세요. 부드러운 크림 상태가 되면 불에서 내려 식혀주세요(커스터드 크림 완성).

다음으로 슈를 만들어 봐요. 슈 반죽의 재료는 정확한 분량을 재어 준비하세요. 달걀은 잘 풀어서 준비하세요.

바닐라 빈을 사용하려면 이때 넣어주세요. 끓은 것을 체에 걸러 씨를 걸러내세요. 아니면 씨가 콕콕 박혀 있는 크림을 만들어도 색다르겠죠?

중불 위의 냄비에 버터를 넣고 바로 물 소금, 설탕을 넣어 끓이세요.

끓기 시작하면 바로 밀가루를 넣고 나무 주걱으로 신속히 저어주세요.

달걀은 한꺼번에 부으면 안돼요!

바로 불에서 내린 후 골고루 섞이게 힘있게 잘 저어주세요. 그리고 풀어 놓은 달걀을 조금씩 부어 가면서 저어주세요.

10 주걱으로 떠서 천천히 흘러내릴 정도면 딱 맞는 농도에요. 달걀을 다 넣을 필요는 없고 농도 맞추는 데 적당한 양만 넣으세요.

11 짤주머니에 슈 반죽을 넣어주세요. 깍지는 원형을 넣어주세요.

12 오븐용 트레이에 쿠킹 시트를 깔고 슈 반죽이 든 짤주머니로 짜주세요. 짤주머니를 직각으로 세워 바닥에서 1cm 정도 떨어져 짜주세요.

전체에 분무기로 물을 뿌려주세요.

13 200도로 예열된 오븐에서 25~30분간 구워주세요. 오븐에서 꺼낸 다음에는 식힘망이나 석쇠판에 올려주세요.

14 가장 작은 원형 깍지를 낀 짤주머니에 만들어 놓은 (5)의 커스터드 크림을 넣어주세요.

15 슈에 깍지를 꽂아서 커스터드 크림을 가득 넣어주세요. 제과점보다 맛있는 바닐라 향이 가득한 슈크림이 완성됩니다.

꺼진 "슈" 다시 부풀리기

슈 반죽 위에 분무기로 물을 뿌려주세요. 그래야 바삭한 슈가 꺼지지 않고 잘 구워져요. 만약 슈가 잘 부풀지 않거나 오븐에서 꺼냈을 때 바로 꺼진다면 물을 뿌린 후 다시 200도의 오븐에 넣었다 구운 후 꺼내면 빵빵하게 부푼답니다.

62 입안에서 사르르
마시멜로이야기

인공첨가물 없는 우리 아이 과자는 제철 과일로 장식하면 비타민이 풍부한 간식이 될 거예요.

마시멜로는 원산지가 유럽인 허브의 이름으로, 과자의 마시멜로는 이 허브의 이름에서 딴 것이라고 합니다. 입안에 넣으면 바로 사르르 녹는 마시멜로 위에 골드키위를 올려 우리 아이를 위해 영양 듬뿍 담긴 과자로 만들어 봐요. 달걀 흰자의 비린내는 바닐라 향으로 잡아주어 향 역시 좋답니다.

재료

골드키위 1~2개 딸기가 나오는 계절이면 딸기로 쓰세요.
마스코바도 설탕 90g
생크림 45ml 코코넛밀크가 있다면 생크림 45ml 중 10ml은 코코넛 밀크로 하면 더 고소해요.
달걀 흰자(중란) 1개 분량
옥수수 전분 2봉지 틀로 사용하니까 넉넉히 준비하세요.

가루 젤라틴 10g 천연콜라겐을 정제추출해 만든 무지방 단백질이에요. 젤라이스(jellice)에서 나온 가루 젤라틴을 사용합니다.
바닐라 에센스 4~5방울 달걀 비린내를 없애고 달콤한 향을 살려주므로 꼭 넣어주세요.
물 50ml

1. 골드키위는 껍질을 벗긴 후 사진의 모양처럼 잘라주세요. 나머지 재료는 분량대로 미리 준비해 주세요.

빵틀을 이용해도 돼요.

2. 마시멜로를 굳힐 틀을 만들어볼까요! 옥수수 전분을 깊고 넓은 판에 부어 넣고, 양주잔 같이 작은 컵으로 눌러서 모양을 만드세요.

3. 핸드 믹서 없이 흰자로 머랭을 잘 만들려면 상온의 달걀을 사용하고, 거품기를 비스듬히 잡고 상하고 치듯이 공기를 집어 넣도록 해요.

가루 젤라틴은 찬 물을 부어 골고루 저어 준 다음 약 10분간 불려 뜨거운 재료에 섞거나 중탕으로 녹여 원하는 재료와 섞어서 사용하세요.

4. 젤라틴 가루는 물에 잘 개어주세요.

5. 냄비에 설탕과 생크림을 넣고 약불에서 저어주세요. 끓이지는 말고 설탕이 다 녹으면 불에서 내리고 식혀주세요.

6. (5)에 불려 놓은 젤라틴을 넣고 잘 섞은 다음 완전히 녹여주세요.

7. 젤라틴이 담긴 (6)을 머랭에 천천히 부어주면서 핸드 믹서로 저어주세요. 이때 바닐라 에센스 4~5방울을 넣어주세요.

8. 만들어 놓은 틀에 바로 부어주세요. 이때는 재빨리 움직여야 해요. 굳기 전에 해야 하니까요.

제철 과일로 다양함을 더해 주세요. 우유와 잘 어울리는 딸기 같은 과일이 좋겠죠.

9. 굳기 전에 잘라 놓은 골드키위를 꽂아주세요. 여름이라면 냉장고에 잠시 넣어주세요. 다 굳으면 옥수수 전분을 털어내고 먹으면 돼요.

cook & info

젤라틴과 한천, 어떻게 사용할까요?

젤라틴은 동물의 연골(뼈), 힘줄, 가죽 등을 구성하는 양질의 단백질인 콜라겐을 정제 추출해서 만든 무지방 단백질이에요. 젤라틴을 녹일 때 높은 온도에서 녹이면 느글느글한 맛이 날 수 있으니, 녹일 때 온도에 주의하세요.
젤라틴은 젤리나 케이크에 주로 사용해요.

- 가루 젤라틴 – 찬물을 부어 저어준 다음 약 10분간 불렸다가 뜨거운 재료에 섞거나 중탕으로 녹여 원하는 재료와 섞어서 사용하세요.
- 판 젤라틴 – 찬물에 판 젤라틴을 넣고 약 10분간 불렸다가 손으로 물기를 짠 다음 사용하세요. 가루 젤라틴 1ts = 판 젤라틴 약 2장이랍니다.

한천은 우뭇가사리가 원료이며, 향이나 맛이 전혀 없고 양갱 등을 만드는 데 사용해요. 젤라틴 10배의 응고력이 있지만 산에 약해 과즙을 사용하는 젤리보다는 양갱에 사용한답니다. 실한천보다는 가루한천이 사용하기 편해요.

cook & cook

자몽 젤리 만들기

1. 가루 젤라틴 10g을 찬물 60ml에 잘 섞어 불려주세요.
2. 100% 자몽주스 400ml에 설탕 35g을 넣고 설탕이 녹을 정도로 끓으면 불을 끈 다음 (1)을 넣고 잘 섞어서 틀에 넣고 냉장고에서 3~4시간 차갑게 식혀주면 완성!!(오렌지나 포도 파인애플로도 만들어 보세요.)

단백질과 지방의 함량이 각각 20~30%인 크림 치즈와 달걀을 넣어 단백질이 풍부한 영양 간식이에요.

63 입에서 사르르 부드러움이 가득
간단 치즈 케이크

특별한 날, 아이들 간식으로 믹서기를 이용해 간단하게 치즈 케이크을 만들어볼까요?
3500원 크림 치즈 하나면 모든 가족이 좋아하는 촉촉하고 부드러운 고급 케이크 한 개를 만들 수 있답니다. 설탕의 양을 줄여서 칼로리 부담을 줄이면 엄마 마음도 한결 편하겠죠!

재료

필라델피아 크림치즈 250g 실온에 두어 부드럽게 해두세요.
버터 50g 실온에 두어 부드럽게 해두세요.
달걀 중간 크기 3개
마스코바도 설탕 70g 분쇄기로 곱게 갈아 놓으세요.
레몬 ½개 즙을 내서 준비해 주세요.

우리밀 백밀가루 40g
바닐라 에센스 ¼ts

1. 그릇에 치즈와 버터를 넣고 핸드믹서로 잘 섞은 후, 미리 풀어 놓은 달걀을 조금씩 넣으면서 강하게 섞어주세요.

달걀을 한꺼번에 넣으면 버터와 분리되어 잘 섞이지 않으니 조금씩 넣어주세요.

2. 설탕을 넣고 녹을 때까지 잘 저어주세요. 핸드 믹서가 없다면, 믹서에 치즈, 버터, 달걀, 설탕을 넣고 강하게 돌려도 된답니다.

3. 레몬 반 개는 즙을 만들어 놓으세요. 레몬즙은 반죽에 넣고 잘 저어주세요.

4. 체에 친 밀가루를 넣고 20~30초 저어주세요.

5. 바닐라 에센스를 넣고 저으면 반죽은 완성!

6. 틀에 베이킹 시트나 종이 호일로 옆과 바닥을 용기 크기대로 재단해서 잘라 잘 둘러주세요.

원형 틀을 탁탁 쳐주세요. 반죽 속에 있는 공기가 빠져 나와 예쁘게 구워져요.

틀에 반죽을 부어주세요.

더 부드러운 케이크를 만들기 위해서는 오븐 트레이에 뜨거운 물을 붓고 식힘망 위에 틀을 올리고 구워주세요.

180도로 예열된 오븐 중간단에서 30~40분 구워주세요.

cook & cook

오븐에서 굽지 않는 치즈 케이크 만들기

 스펀지 케이크나 카스테라 | 시럽이나 메이플 시럽 | 크림치즈 180g | 설탕 35g | 우유 40g | 가루 젤라틴 2ts | 찬물 30g | 생크림 150g 거품을 내주세요. | 브랜디 2~3ts

1. 가루 젤라틴은 찬물에 넣어 불려주세요.
2. 크림치즈에 설탕을 넣고 잘 섞어주세요
3. 우유를 데워서 (1)의 젤라틴을 넣고 잘 녹인 다음 (2)에 넣고 섞어주세요.
4. 거품을 낸 생크림을 (3)에 넣고 브랜디도 넣어주세요.
5. 원형 틀에 스펀지 케이크나 카스테라를 1cm 두께로 깔고 메이플 시럽을 요리붓으로 골고루 발라주세요. 그리고 (4)의 반죽을 붓고 냉장고에 넣어 3~4시간 동안 응고시키면 완성!

> 건뇌 식품 호두,
> 심장에 특히 좋다고 해요.
> 일주일에 3~4번 한줌의
> 호두로 우리 아이의 건강
> 을 지켜주세요.

64 맛도 좋고 머리도 좋아지는
호두파이

몸에 좋은 성분이 많아 많은 사람들이 선호하는 호두지만, 그냥 먹기에는 한계가 있게 마련이에요. 그럴 때 파이를 만들어 먹는다면 아이는 물론 어른들도 좋아 할 거에요. 제과점에서 파는 것보다 버터와 설탕의 양을 확 줄이고, 호두의 양을 늘리면 비만의 위험에서 조금은 안전한 먹거리가 되겠죠.

재료 〈파이 반죽〉
통밀가루 150g 우리밀가루를 꼭 사용하세요.
버터 70g
찬물 3Ts
달걀 노른자 1개 44~52g 정도 중란 크기
소금 ½ts

〈안에 넣을 소〉
호두 100g 피칸이 있다면 같이 넣어주세요.
달걀 큰 것 3개 특란 60~68g
마스코바도 설탕 75g 갈아서 준비해주세요.
조청 60g
계피가루 ½ts | 버터 10g | 소금 ½ts

1. 밀가루와 소금을 체에 넣고 쳐주세요.

2. 밀가루 위에 버터를 올리고 칼로 잘게 다져주세요. 파이 반죽은 온도가 낮은 곳에서 해야 구웠을 때 켜켜이 떨어지는 바삭한 파이가 돼요.

2분간 반죽하세요.

3. 달걀 노른자와 찬물을 섞은 후 버터를 넣고 다진 밀가루에 부어 주세요. 버터가 다 녹아 밀가루에 흡수되지 않도록 빨리 해야 합니다.

사진처럼 대충 반죽한 듯하게 하세요. 보통 빵 반죽하듯이 하면 안 돼요. 버터가 밀가루 켜켜로 쌓이게 반죽하는 것이 중요해요.

4. 다 된 반죽은 랩에 싸서 냉장실에 1시간 정도 넣어 두세요. 그 동안 호두파이 소를 만들도록 해요.

5. 호두는 칼로 잘게 다져주세요. 먹기 쉬운 크기로 자르는데 너무 작으면 식감이 떨어지므로 알맞은 크기로 잘라주세요.

달걀을 체에 걸러서 파이를 만들면 훨씬 부드러운 맛을 낼 수 있어요. 달걀 찜을 할 때도 꼭 체에 거르세요.

6. 달걀은 거품기로 풀어준 다음, 체에 걸러주세요.

7

체에 걸러 놓은 달걀에 설탕, 소금, 계피가루, 물엿(조청)을 넣고 거품이 생기지 않게 잘 섞어주세요.

8

흡수가 잘되는 한지나 시험지를 살짝덮으면 거품이 쉽게 제거 돼요.

물을 넣고 데워진 냄비에 (7)의 그릇을 올리고 버터 10g을 넣어 중탕해서 버터가 녹으면 그릇을 꺼내고 거품은 제거해 주세요.

9

포크로 파이 반죽에 구멍을 내 줘야 오븐에서 구울 때 고르게 구워지고 울퉁불퉁해지지 않아요.

냉장고의 반죽을 꺼내 밀대로 파이틀보다 크게 밀어준 다음, 파이틀에 넣고 파이틀에 맞게 반죽을 잘라 주세요. (8)을 붓고 호두도 넣어주세요.

10

180도로 예열된 오븐 중간단에서 50~1시간 동안 구워주세요.
다 구워지면 파이틀에서 꺼낸 다음 식힘망에서 식혀주세요.

cook & cook

파이 반죽을 이용해 애플파이 만들기

1. 파이 반죽은 2배로 준비해서 만들어보세요(반으로 나눠두세요).
2. 사과 3개를 껍질과 씨를 제거하고 먹기 편한 크기로 사각 썰기하고, 마스코바 설탕 70g, 계피가루 ¼ts, 레몬즙 ½ts, 연근가루 1ts, 녹인 버터 20g를 넣고 잘 섞어주세요.
3. 파이 틀에 파이 반죽을 깔고 포크로 구멍을 낸 다음 (2)를 넣고 남은 파이 반죽을 길게 잘라서 격자무늬로 위를 장식해 주세요. 달걀 1개와 생크림 1Ts를 섞은 것을 붓으로 위에 발라주세요. 그래야 황금색으로 윤기 있게 파이가 구워져요. 180도로 예열된 오븐 중간단에서 50~1시간 구워주세요.

cook & cook

격자무늬 만들기

반죽을 사진처럼 길게 자른 다음 서로 엇갈려서 교차시켜 만들어주세요.

65 화려한 색깔의
미니 단호박 치즈 케이크

미니 단호박은 치즈 케이크에 부족한 비타민까지 듬뿍! 특히 카로틴이 건강을 지켜줘요.

미니 단호박은 당도와 영양가가 기존의 단호박보다는 훨씬 높고, 맛 또한 밤맛이 많이 나서 그냥 쪄 먹어도 그만이죠. 미니 단호박과 치즈 케이크가 만나 색 또한 진한 노란색으로 아주 예뻐서 아이들이 특히 좋아한답니다. 파는 케이크 보다 덜 달고 건강도 생각하는 엄마표 간식으로 만점이에요.

재료 6인분

- 미니 단호박 1개 *찜통에서 쪄서 준비하세요.*
- 통밀 쿠키 1컵(250ml) *집에서 만들어 놓은 통밀 쿠키나 마트에서 파는 것을 부셔서 준비하세요.*
- 호두 ½컵 *다져 놓으세요.*
- 버터 50g *무염 버터*
- 크림치즈 500g *저지방크림치즈로 준비하세요.*
- 마스코바도 설탕 ⅔컵 *곱게 갈아 놓으세요.*
- 달걀 중간 크기 3개 *중란 44~52g*
- 플레인 요구르트 ½컵
- 계피가루 ½ts
- 바닐라 에센스 6~7방울
- 물 1Ts

1

통밀 쿠키는 곱게 부셔주세요. 칼등으로 부셔도 되지만, 봉지에 넣어 부수면 가루가 날리지 않아요.

2

호두는 잘게 다져서 준비해 주세요. 피칸이 있다면 피칸을 다져도 되요.

3

녹인 버터(전자레인지에서 20~30초)와 물 1Ts을 다진 쿠키와 호두에 넣고 잘 반죽해 주세요.

4

직경 24cm 케이크틀을 사용했어요.

(3)의 반죽을 케익틀에 넣고 수저로 꾹꾹 눌러준 다음, 180도로 예열된 오븐 중간단에서 10~15분 정도 구운 다음 식혀주세요.

5

미니 단호박은 찐 후 껍질은 제거해서 으깨 놓으세요.

6

크림치즈에 가루설탕, 달걀, 요구르트를 넣고 핸드 믹서를 사용해 섞어주세요(블렌더가 있다면 재료를 다 넣고 강하게 돌려주세요).

7

으깬 호박은 체를 사용해서 (6)의 반죽에 내려주세요. 그래야 건더기가 생기지 않아요. 아니면 믹서에 넣고 반죽과 함께 돌려주세요.

8

(7)은 체에 내려서 건더기를 걸러 주세요. 그래야 입자가 고운 케이크가 되어요.

9

체에 내린 반죽에 넛맥과 계피가루, 바닐라 에센스를 넣고 잘 저어 주세요.

10

나무꼬치로 중앙을 찔러 보아 반죽이 올라오지 않으면 잘 된 것이에요.

(4)의 케이크 틀에 (9)의 반죽을 부은 후, 뜨거운 물을 부은 트레이에 올려 180도로 예열된 오븐에서 50분~1시간 동안 구워주세요.

11

케이크 틀에서 뺄 때는 틀과 케이크 사이에 칼집을 돌려가며 넣어주면서 꺼내야 모양이 흐트러지지 않아요.

다 구워진 치즈 케이크는 케이크 틀에서 꺼내 식힘망에 올려서 식힌 후 냉장고에서 두고 먹으면 돼요.

cook & info

케이크 위에 장식할 설탕과자 만들기

알루미늄 호일 위에 기름이나 버터를 칠하고, 그 위에 20cm 지름의 원 모양으로 마스코바도 설탕 ⅓컵을 고르게 펼쳐 준 다음 180도로 예열된 오븐에 넣어 3~4분 정도 있다 설탕이 녹아 끓으면 꺼내세요. 살짝 굳힌 다음, 기름칠한 칼로 12등분해서 케이크 위에 올려서 장식하면 돼요.

아미노산이 풍부한 감자나 단백질이 많은 쇠고기가 아이의 성장 발육에 좋은 음식이에요.

66 감자와 쇠고기의 멋진 만남
감자 쇠고기 파이

냉장고에 항상 있는 재료들을 이용해 근사한 파이를 만들어 보세요. 어렵지는 않지만 만들어 놓으면 근사해 보여요. 모짜렐라 치즈를 얹어 오븐에서 구워주면 신선한 치즈의 향과 층층이 쌓인 고기와 야채가 먹음직해 보인답니다. 또 아이들이 먹기 싫어하는 당근, 양파, 셀러리, 파를 잘게 다져 쇠고기와 섞어주기 때문에 골라내지 않고 잘 먹을 수 있어요.

재료

- 매시 포테이토 600g 만드는 방법은 138쪽을 참고하세요.
- 쇠고기 다진 것 300g
- 모짜렐라 치즈(피자 치즈) 300g
- 당근 작은 것 1개
- 양파 작은 것 1개
- 셀러리 1대 채소 중에서 비타민 B1, B2가 특히 많아요.
- 파 늘대
- 올리브유 조금
- 소금, 후춧가루 조금

1. 쇠고기는 다져있는 것을 바로 사면 기름이 너무 많으므로 기름이 적은 부위를 사서 집에서 다지거나 정육점에서 갈아달라고 하세요.

집에서 다질 때는 종이 타월로 칼에 묻은 지방을 닦아내면서 곱게 다지세요.

2. 당근, 셀러리, 양파, 파는 잘게 다져주세요. 곱게 다져야 고기와 잘 어우러져요.

3. 올리브유를 두른 팬에 고기를 볶아주세요. 소금과 통후춧가루를 갈아서 간을 하세요.

4. 고기가 거의 익어 가면 잘게 다진 당근, 셀러리, 양파, 파 순으로 볶아주세요. 국물이 생기지 않게 재빨리 볶아주세요.

5. 오븐 용기에 버터나 올리브유를 바른 후 매시 포테이토 1.5~2cm 두께로 깔아주세요.

매시 포테이토가 너무 무르면 모양이 잡혀지지 않으므로 약간 되게 한 것을 사용하세요.

6. 감자 위에 볶은 야채과 쇠고기를 1~1.5cm 두께로 깔아주세요.

다시 감자를 올리세요. 끝은 감자로 차곡차곡 쌓아야 깔끔해요.

모짜렐라 치즈를 듬뿍 올린 다음 200도로 예열된 오븐 중간단에서 20분간 구워주세요.

> 안의 재료는 다 익은 것이니까 치즈만 먹음직스럽게 구워지면 돼요.

케이크 자르듯이 칼집을 낸 다음 모양이 흐트러지지 않게 접시에 옮겨 담으세요.

cook & cook

감자경단 만들기

재료 매시 포테이토 500g | 우리밀 통밀가루 60~80g | 달걀 1개

1. 재료를 다 섞어 반죽을 하세요. 반죽이 너무 무르면 통밀가루를 더 넣어주세요. 반죽을 경단모양으로 예쁘게 만드세요.
2. 끓인 물에 소금을 조금 넣어 끓는 점을 높인 다음 만든 경단을 넣고 떠오를 때까지 삶아주세요(안에 볶은 고기나 맛밤을 소로 넣어 만들어도 돼요).
3. 다 익은 경단은 볶은 검은깨에 굴려서 접시에 담아내세요.

cook & info

우리가 먹는 치즈 그 정체는?

- **생치즈** – 피자치즈로 사용되는 모짜렐라 치즈와 크림치즈가 여기에 속해요. 숙성시키지 않아 냄새가 거의 나지 않고 맛도 부드럽죠!
- **화이트 몰드 치즈** – 흰 곰팡이로 둘러싸여 있고 3~4주 정도 숙성시킨 것으로, 향이 강하지 않으면서도 치즈 고유의 풍미가 있어요. 수분이 50% 이상 되는 연질 치즈로, 브리와 까망베르가 대표적이죠(까망베르가 브리보다 맛이 더 강해요).
- **옐로우 치즈** – 노란색 치즈로 샌드위치나 소스로 만들어 먹어요. 단단하고 파마산, 에멘탈, 고다, 에담, 체다, 하바티가 바로 옐로 치즈에 속한답니다.
- **블루 몰드 치즈** – 치즈 덩어리 안에 푸른곰팡이를 심어 생육하면 청록색의 곰팡이가 대리석 무늬처럼 퍼지면서 숙성되는 치즈로, 경질과 연질의 중간 정도로 강한 맛 때문에 꺼리는 사람들도 많아요.

오븐에서 구워 기름을 쫙 뺀 치킨 샐러드는 살이 찔까 봐 걱정하는 분들이나 아이들에게 강추!!

67 바삭함과 신선함이 그대로
치킨 샐러드

카레향이 구미를 돋우는 바삭한 치킨 까스에 신선한 야채를 곁들여 먹을 수 있는 치킨 샐러드에요. 야채를 싫어하는 아이에게 치킨 까스를 야채에 싸서 먹게 하면 재밌어하면서 잘 먹는답니다.

재료 2인분

닭가슴살 2장
우리밀 통밀가루 500g
카레 가루 1ts 순 카레가루를 사용하세요.
달걀 2개
빵가루 1컵 식빵을 갈아서 준비하거나 시판되는 것은 물을 뿌려서 사용하세요.
화이트 와인

소금, 후춧가루 조금
토마토 2개
양상추 4잎
청피망 ½개
홍피망 ½개
양파 ½개

소스 〈오렌지 소스〉

오렌지 주스 100ml 오렌지 즙이면 더 좋아요. | 레몬즙 50ml | 닭 육수 100ml | 화이트 와인 100ml | 마스코바도 설탕 3TS | 오렌지 필링 3Ts

---

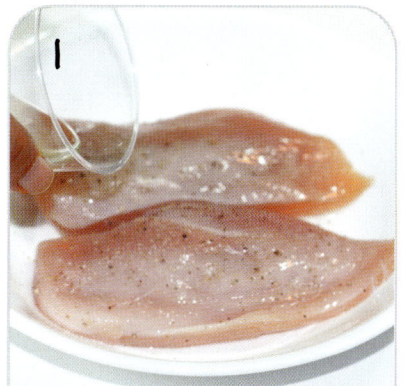

1. 닭가슴살에 화이트 와인을 뿌려놓으세요.

2. 와인은 따라 버리고 소금과 후춧가루로 간을 해 놓으세요.

3. 밀가루에 카레 가루를 넣고, 소금을 뿌려 섞어주세요.

닭가슴살 말이

재료 닭가슴살 1개 | 아스파라거스 2개 | 파마산 치즈(또는 모짜렐라 치즈) 3Ts | 소금과 후춧가루 조금 | 포도씨유 조금 | 무명실

1 닭 가슴살은 칼집을 넣어 얇게 2장으로 만든 다음 소금과 후춧가루로 간을 해 놓으세요.
2 아스파라거스는 끓는 물에 살짝 데쳐서 찬물에 식혀 두세요.
3 펼쳐 놓은 닭 가슴살에 아스파라거스를 놓고 파마산 치즈나 또는 모짜렐라 치즈를 옆에 가지런히 놓은 다음 김밥처럼 잘 싸서 무명실로 묶어주세요.
4 두꺼운 팬에 포도씨유를 두르고, 닭 안쪽까지 잘 익도록 돌려가면서 익혀주세요.

4

(3)의 밀가루에 닭가슴살을 잘 묻혀주세요.

5

달걀 풀어 놓은 것에 (4)의 닭가슴살을 넣고 적셔주세요.

6

갈아 놓은 빵가루를 골고루 묻히고 꾹꾹 잘 눌러주세요.

7

뒤집지 않아도 되고 기름도 덜 먹어 더 바삭해요.

석쇠에 (6)의 닭가슴살을 올리고 앞뒤로 요리붓으로 포도씨유를 묻힌 다음 230도로 예열된 오븐에서 20분간 튀겨주세요.

8

야채를 준비하세요. 양상추는 씻어서 얼음물에 담가 놓고, 토마토, 청피망, 홍피망 양파를 썰어서 준비하세요.

9

구운 닭가슴살은 석쇠 모양대로 잘라 야채 위에 올리고 오렌지 소스를 뿌려 먹으면 돼요.

10

오렌지껍질은 얇게 벗겨 가늘게 채썰어서 준비하세요.

오렌지 소스를 만들려면 먼저 오렌지를 소금으로 박박 문질러 닦은 후 흐르는 물에 깨끗이 씻어주세요.

11

귤이 나오는 계절이면 오렌지 대신 귤을 사용하세요. 생협에서 나온 제철 귤의 껍질을 쓰면 아주 좋아요. 귤껍질은 말려서 겨울 내내 귤차를 만들어 먹으면 돼요.

냄비에 오렌지 주스나 즙, 레몬즙, 닭 육수, 화이트 와인, 설탕을 넣고 졸여주세요. 약간 걸쭉해지면 맛있는 소스가 완성됩니다.

오렌지와 자몽!!

심장에 특히 좋다는 자몽으로 오렌지 대신 소스를 만들어도 맛이 상큼하답니다.

수입 과일이라 약품처리 때문에 꺼려지긴 하지만 깨끗이 닦아서 사용하세요. 비타민과 무기질 보충을 위해 과일을 깨끗이 닦아 자주 섭취하도록 하세요.

자몽, 즉 Grapefruit라는 이름은 열매가 포도송이처럼 맺히는 데서 유래한 이름으로, 노란색(골덴)과 붉은색(루비)의 두 종류가 있어요.

비타민 C, 비타민 B와 함께 섬유소, 칼슘, 철분 등의 영양이 골고루 들어 있으며, 특히 심장에 좋다고 합니다.

오렌지는 자몽과 같은 감귤류지만 쓴맛은 없고 단맛이 강한 과일로, 과육 100g 중 비타민 C가 40~60mg이 들어 있고 섬유질과 비타민 A가 풍부해서 감기에 걸렸을 때 먹으면 더욱 좋답니다.

68 바삭한 바게트 위에 신선함이 가득
바게트 에피타이저

부드러운 브리 치즈와 과일, 바삭한 바게트 빵과 올리브유의 향이 가득한 초간단 간식이에요. 브리 치즈는 달콤한 골드 키위뿐만 아니라 마늘, 토마토와도 아주 잘 어울려요. 바게트 빵을 직각으로 자르면 크기를 더 작게 해서 만들 수 있어요. 아이와 함께 만들면 즐거움이 배가 되겠죠.

비타민과 양질의 단백질이 듬뿍! 영양 간식이에요.

재료
- 바게트 빵 1개
- 엑스트라버진 올리브유 2Ts
- 브리 치즈 ¼개
- 골드키위 1개
- 체리토마토 7~8개
- 샤워크림 샤워크림 2TS에 설탕 1tS를 섞어 놓으세요. 이마트에서 구입했어요.
- 천도복숭아 1개 약간 덜 무른 것으로 준비하세요.
- 마늘 6개 저며서 준비하세요.
- 소금 조금 | 신선한 로즈마리잎

1. 바게트 빵에 올리브유를 요리붓으로 한 면만 발라주세요. 210도로 예열된 오븐에 넣고 10분간 구워주세요.

2. 구워진 빵을 식힘망에 올려서 식혀주세요.

3. 골드키위, 체리토마토, 천도 복숭아는 얇게 썰어주세요.

4. 브리 치즈는 ¼ 조각을 사각형 모양으로 얇게 썰어주세요.

5. 달군 팬에 올리브유를 두르고 저민 마늘을 구운 다음 소금 간을 하세요. 잘 익어야 마늘의 매운 맛이 없어져 아이도 잘 먹어요.

6. 바게트 빵 위에 골드키위와 브리 치즈를 번갈아서 올려주세요.

7

설탕을 섞은 샤워크림을 발라주세요. 샤워크림은 이마트에서 팔고 있어요.

8

샤워크림을 바른 위에 천도복숭아를 4~5개 정도 썰어 올리고 신선한 로즈마리 잎을 뿌려주세요. 향이 아주 좋답니다.

9

브리 치즈를 바게뜨 위에 올려주세요. 까망베르 치즈도 잘 어울려요. 집에 치즈가 있다면 골고루 사용해 보세요.

10

치즈 위에 구운 마늘과 체리토마토를 번갈아서 올려주세요. 로즈마리 잎을 뿌려주세요.

11

접시에 올려서 하나씩 먹으면 각각의 맛이 서로 조화를 이뤄 색다른 맛을 내는 것을 느낄 수 있을 거에요.

> 간식으로도 좋고, 식전의 에피타이저나 손님 접대용 요리, 또는 와인과 잘 어울리는 요리에요.

또 무엇을 올릴까?

- 크림치즈 위에 파인애플
- 브리치즈 위에 구운 양송이버섯
- 샤워크림 위에 날치알
- 브리치즈 위에 볶은 적색 양파와 갈아서 만든 쇠고기 볶음

69 새우가 들어간
타코야끼 만들기

> 마는 아이의 두뇌 발달을 촉진하고, 폐와 기관지를 보호하는 데 탁월한 효능이 있어요. 오래된 마는 산삼과 버금간다고 하네요!!

타코는 일본어로 문어를 말하는데 여기서는 문어와 새우를 같이 넣었어요. 시중에서 파는 반죽 대신 마를 직접 갈아 반죽을 만들어 보세요. 부드러운 속에 새우살과 문어가 씹히는 타코야끼를 만들어 가다랭이 가루와 소스를 뿌려 먹으면 파는 타코야끼가 부럽지 않답니다. 아이와 같이 타코야끼를 만들면 계속 먹고 싶어질 거에요.

재료
- 마 1컵 갈아서 준비하세요.
- 우리밀가루 1컵
- 물 넉넉히 준비하세요.
- 가다랭이 간장 2Ts 백간장이라는 일본간장이에요.
- 새우 100g
- 문어 200g 삶아서 파는 것을 준비하세요.
- 마늘 1쪽 곱게 다져주세요.
- 쪽파 가늘게 채 썰어주세요.
- 가다랭이 가루
- 마요네즈 조금
- 타코 소스 조금

1

마의 끈적거리는 성분이 위를 보호하는 뮤신의 역할을 해요. 위가 안 좋을 때 요구르트나 두유 또는 우유와 같이 갈아 식전에 먹으면 좋아요.

마는 껍질을 벗겨서 갈아 놓으세요. 손질을 할 때는 장갑을 끼고 하세요. 피부가 예민한 사람은 간지럽거든요.

2

물에 가다랭이 간장을 넣어 섞으세요.

3

반죽의 농도는 물보다 약간만 진하게 흐를 듯이 해주세요.

(2)에 밀가루와 갈아 놓은 마를 넣고 거품기로 잘 섞어주세요. 묽기는 물로 조절하세요. 다진 마늘을 넣고 잘 섞어주세요.

4

새우는 나무꼬치로 등 쪽의 내장을 뺀 후 끓는 소금물에 데치세요.

5

문어는 새우 크기 정도로 잘라주세요.

6

타코야끼판에 기름을 충분히 칠한 다음 약불에서 서서히 가열해 주세요. 타코야끼판이 없을 경우에는 팬에 부침개처럼 부쳐도 돼요.

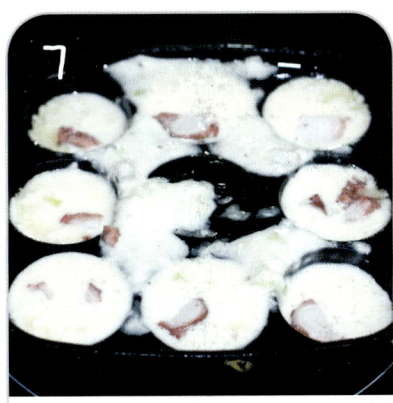

반죽을 반쯤 부은 다음 새우와 문어, 다진 파를 넣어주세요.

반죽을 타코야끼판 가득 부어 주세요.

반 이상 익은 것 같으면 타코야끼 뒤집는 송곳을 사용해서 동그랗게 모양을 만들어 주세요. 처음에는 힘들지만 두 번이상 해보면 익숙해져요.

동그란 모양으로 노릇하게 구워지면 그릇에 담아 가다랭이와 파슬리 가루를 뿌리고, 마요네즈, 타코야끼 소스를 뿌려서 먹으면 돼요.

cook & info

타코판 구입하기

타코야끼판과 백간장은 오이시이(www.52sii-page.com)에서 구입할 수 있어요. 타코믹스도 구입할 수 있지만 직접 마를 갈아 만들어 보도록 해요. 마의 효능을 제대로 느낄 수 있으니까요.

cook & info

타코 도구

타코야끼를 만드는 가정용 판이에요. 무쇠로 만들어져서 조금 묵직해요. 오이시이(www.52sii-page.com)에서 구입할 수 있어요.

타코야끼를 만들 때 살짝 들어서 돌려줄 때 필요한 꼬챙이에요.

안토시안이 풍부해서 눈이 좋아지는 음식이에요.

70 꼭꼭 숨어라! 미니 단호박 속
커스터드 푸딩

비만이라서, 아토피라서…… 등 여러 이유로 아이에게 음식을 제한하느라 마음 고생이 심할 때, 감자, 고구마만 삶아 간식이라고 내놓기는 재미도 없고 아이도 싫증을 내죠. 이때 미니 단호박 속에 커스터드 푸딩이 들어 있다면, 잘랐을 때 보이는 색의 조화가 화려해서 눈길을 끌게 되고 달콤하고 부드러운 맛에 아이가 무척 좋아하겠죠? 만들기도 쉽고 재료도 간단하답니다.

재료
미니 단호박 1개
달걀 1개 중란(44~52g)
마스코바도 설탕 20g 분쇄기로 갈아 가루로 준비하세요.
우유 100ml 저지방 우유를 사용해도 좋아요.
바닐라 에센스 2~3방울 바닐라 빈은 반 개를 사용하세요.

바닐라 빈 사용할 때는 반을 갈라서 반쪽만 사용하세요. 1개 가격이 1900원 정도예요. 인터넷 숍에서 구입해야 합니다.

1. 미니 단호박은 꼭지를 중심으로 칼집을 넣어 자르고 수저를 사용해 씨를 남김 없이 빼주세요.

바닐라 빈을 쓸 때는 바닐라꼬투리와 안을 긁어낸 것을 우유와같이 처음부터 넣어주세요. 그래야 향이 잘 우러나거든요.

2. 우유는 소스 팬에 붓고 살짝 끓인 후 불을 끄고, 바닐라 에센스를 넣어 거품기나 숟가락으로 세게 저어주며 약간 식혀주세요.

3. 달걀에 설탕을 넣고 섞어주세요. 가루설탕을 쓰면 잘 녹아요.

4. (3)에 식힌 우유를 넣고 잘 섞어주세요.

바닐라 빈을 사용했다면 이때 고운체로 걸러야 바닐라씨와 달걀 끈을 제거할 수 있어요.

5. 미니 단호박 속에 (4)를 붓고 뚜껑을 닫아주세요.

6. 김이 오른 찜통에 미니 단호박을 넣고 뚜껑을 닫아 30분~40분 찌세요. 약불에서 천천히 쪄야 달걀이 곱게 쪄진답니다.

초콜릿에 풍부한 폴리페놀(Polyphenols)! 우리 몸에 있는 활성산소를 해가 없는 물질로 바꿔주는 항산화작용을 해요. 항암 효과와 심장질환에도 좋아요.

71 핫 초콜릿
다크 초콜릿의 진한 맛이 그대로

아이가 힘들어 하거나 시험을 앞두고 있다면, 다크 초콜릿을 듬뿍 넣어 진한 맛을 느낄 수 있는 핫 초콜릿을 만들어주세요. 초코 우유는 싫어하지만, 이것만큼은 저도 무척 좋아한답니다. 더운 여름이라면 냉장고에 넣어두었다가 차갑게 해서 먹어도 아주 별미랍니다. 식후 디저트로도 아주 좋아요.

재료

- 다크 초콜릿 50g 카카오 함량 86%의 다크 초콜릿을 사용하세요. 가게에서 파는 모리나가 제품이에요.
- 카카오 파우더 2Ts 허쉬에서 나온 카카오 100%를 사용하세요. 인스턴트 코코아가루는 사용하지 마세요.
- 우유 1컵(250ml)
- 생크림 150ml 설탕이 포함된 것을 사용하세요.
- 통계피 1개(5cm길이)
- 바닐라 에센스 ¼ts 바닐라 빈은 1개를 사용하세요.
- 휘핑 크림 저지방 휘핑 크림이 좋아요. 마트에서 살 수 있어요.
- 마스코바도 설탕 1Ts 무설탕 생크림을 사용한다면 설탕을 넣어주세요. 안 그러면 너무 써요.

1. 우유와 생크림은 팬에 넣고 통계피를 넣어 끓기 시작하면, 불을 약하게 해주세요(계피의 향이 우러나오게 5분간 약불에서 조리하세요).

바닐라 빈은 반으로 갈라 꼬투리와 안을 긁어낸 것을 같이 넣어주세요.

2. 통계피는 꺼내고, 바닐라 에센스와 다크 초콜릿, 코코아 파우더를 넣고 잘 섞이도록 거품기로 저어주세요(약한 불).

3. 다크 초콜릿이 완전히 녹을 때까지 약불에서 거품기로 저어주세요. 바닐라 빈을 사용했다면 이때 체에 거른 후 컵에 따라주세요.

너무 진하게 느껴진다면 반으로 갈라 두 잔으로 만들고 우유를 넣어 보충해 주세요.

4. 다크 초콜릿이 다 녹았으면 컵에 담고 휘핑 크림을 얹어서 내놓거나 냉장고에서 차갑게 식혀 먹어도 돼요.

cook & cook

어른들을 위한 멕시칸식 핫 초콜릿 만들기

재료 (2컵 기준) 다크 초콜릿 40g | 물 2Ts | 커피 2ts | 계피가루 ¼ts | 설탕 1ts | 넛맥 ¼ts | 소금 조금

1. 소스 팬에 재료를 넣고 초콜릿이 녹을 때까지 저어주세요.
2. 초콜릿이 다 녹으면 우유 2컵을 넣고 거품기로 잘 섞어주세요. 불은 약한 불에서 끓이지 말고 데우면 돼요.

72 상큼한 사과를 곁들인 감자 구이

감자와 사과의 환상적인 궁합! 서로 만나 영양이 배가 되었어요.

입맛이 없을 때 신선함이 가득한 사과와 감자만으로도 식욕이 살아난답니다. 아주 가늘게 채친 감자를 팬에 노릇하게 구워 구운 사과와 함께 소스를 뿌려 먹으면 간식이나 아침 식사로 아주 좋답니다. 감자를 구울 때는 손으로 꾹꾹 눌러주거나 주걱으로 누르면서 감자전처럼 구워주세요. 음식을 만들 때 아이도 함께 하면 아주 좋아해요. 먹을 때도 아주 적극적이랍니다.

재료 감자 2개
사과 1개
올리브유 조금
버터 조금
소금, 후춧가루 조금

레드 와인 10ml
꿀 2Ts

1. 감자는 채칼을 사용해서 아주 가늘게 채쳐주세요. 가늘게 해야 잘 익고 먹기도 좋아요.

구웠을 때 두께까지 0.7cm정도 가도록 바싹 구워주세요.

2. 팬에 올리브유를 두르고 채 썬 감자를 올리고 꾹 눌러준 다음 소금 간으로 약하게 간하세요.

3. 사과는 껍질과 씨를 제거하고 8등분한 다음 모서리를 정리해서 예쁘게 만들어주세요.

4. 팬에 버터를 조금 넣고 사과를 넣어 굽다가 레드 와인과 꿀을 넣고 졸여 주세요.

5. 구운 감자는 4등분한 다음 겹쳐서 접시에 담고 옆에 구운 사과와 졸여진 국물을 위에 뿌려서 같이 먹으면 돼요.

cook & info : 궁합이 맞는 재료들

서로 궁합이 잘 맞는 재료들이에요. 같이 먹으면 영양이 배가 될 뿐만 아니라 해독 작용도 해준다니 고마운 식품이죠.
감자와 치즈, 카레와 요구르트, 가지와 기름, 토마토와 기름, 돼지고기와 표고버섯, 닭고기와 인삼, 복어와 미나리, 조개와 쑥갓, 옥수수와 우유, 시금치와 참깨, 찹쌀과 대추, 당근과 기름, 초콜릿과 아몬드

항산화 작용을 하는 리코펜이 풍부한 토마토와 치즈가 환절기 약해진 아이의 간식으로 좋아요.

73 초간단! 맛은 초일류!
토마토 모짜렐라 치즈 샐러드

모짜렐라 치즈는 숙성되지는 않았지만 고소한 우유의 맛을 100% 느낄 수 있어 좋아하는 분들이 많더군요. 거기에 신선한 토마토와의 만남은 상상 이상이랍니다. 하지만 발사믹 소스가 빠지면 약간은 심심한 맛이 되죠. 진한 포도향이 농축된 발사믹 소스는 만들기도 간단하지만 샐러드나 빵에도 찍어 먹을 수 있어 아주 좋아요.

재료 2인분 토마토 큰 것 1개
모짜렐라 치즈 1개 신선한치즈로 숙성치즈 특유의 냄새가 없고 신선해요.

발사믹 식초 100ml 포도를 오랜시간 숙성시켜 만든 식초로 향과 풍미가 농축된 식초예요.
마스코바도 설탕 4Ts

1. 발사믹 식초와 설탕을 분량대로 준비하세요.

2. 소스 팬에 발사믹 식초와 설탕을 넣고 약한 불에서 설탕을 녹여가며 졸여주세요.

3. 숟가락으로 떨어뜨려 봐서 뚝뚝 떨어지는 정도면 알맞아요. 불 위에서는 점성을 알기 어려워요.

식으면 더 굳어지니 너무 졸이지는 마세요.

4. 치즈는 모양대로 두께 0.7cm 정도로 잘라주세요.

5. 토마토도 통으로 같은 두께로 잘라주세요.

6. 토마토와 치즈를 번갈아가며 접시에 담아주세요. 먹을 때는 소스를 뿌려 토마토와 치즈를 같이 먹으면 아주 맛있고 상큼해요.

치즈는 소화흡수되기 쉬운 형태로 영양소들이 녹아있어 소화 기관이 약한 아이에게 좋아요.

74 퐁듀
알코올은 날라가고 흑맥주의 구수함만 가득한

보통 스위스 퐁듀는 화이트 와인을 기본 베이스로 해서 만들지만, 흑맥주를 사용해도 진하고 고소한 퐁듀를 만들 수 있답니다. 김치만큼 다양한 수많은 치즈 중 에멘탈 치즈와 체다 치즈를 넣도록 해요. 에멘탈 치즈는 스위스 치즈라고도 불리는데, 만화 '톰과 제리'에서 제리가 좋아하는 구멍이 퐁퐁 뚫린 치즈에요. 이 구멍을 치즈의 눈이라고 부른답니다. 약간의 단맛이 있고 녹이면 약간 늘어나는 에멘탈 치즈를 시작으로 다양한 치즈의 세계에 빠져보세요. 우선 퐁듀로 시작해 볼까요?

재료 3인분

에멘탈 치즈 150g 이마트에서 살 수 있어요.
체다 치즈 50g 덩어리로 된 것이 좋아요. 없다면 고소함이 강한 것을 골라서 사용하세요.
흑맥주 100ml 기네스를 추천해요.
브랜디 2ts 과일향이 나는 것이 더 좋아요.

전분 1ts | 마늘빵 6장 | 브로콜리 200g | 사과 2개
아스파라거스 2~3대 데쳐서 잘라주세요.
당근 늙개 알맞게 잘라 준비하세요.
양송이버섯 5~6개 싱싱한 것으로 준비하세요.

1. 흑맥주는 소스 팬에 부어 끓여주세요.

2. 끓기 시작하면 에멘탈 치즈는 커터기를 사용해서 잘라 넣고 저어가면서 녹여주세요. 불은 약하게 줄여주세요.

3. 처음엔 치즈가 뭉글해지다 잘 섞이면 체다 치즈도 잘 녹도록 잘게 잘라 넣고 녹여주세요. 다 녹으면 전분을 넣고 잘 저어주세요.

전분은 미리 2배의 물에 풀어 놓은 것을 넣어야 뭉치지 않고 잘 풀어져요.

4. 브랜디를 (3)에 넣고 저은 다음 불을 꺼주세요.

5. 퐁듀 그릇에 부은 다음 굳지 않도록 초에 불을 붙여주세요.

6. 마늘빵, 데쳐 놓은 브로콜리, 아스파라거스, 당근, 사과는 먹기 좋게 잘라 놓고 찍어 먹으면 되요.

75 황금색으로 구워낸
닭가슴살 샌드위치

소풍이나 도시락으로 아주 좋아요. 고단백의 닭고기와 호박의 비타민이 서로 어울려 체질 개선 및 바이러스 저항력을 길러줘요.

성장기 아이에게는 충분한 단백질의 섭취가 중요하다고 하죠. 고기 중에서 닭 가슴살 만큼 좋은 단백질 공급원은 없는 것 같아요. 무엇보다 아이가 좋아하고 지방이 없어 살찔 걱정이 없으니까요. 꿀 겨자 소스를 발라가며 구운 닭가슴살에 야채를 넣어 만든 샌드위치는 나들이 갈 때 특히 좋은 것 같아요.

재료 3인분

〈닭요리〉
닭가슴살 3개 | 레몬 ½개 | 엑스트라버진 올리브유 |
신선한 로즈마리잎 | 마늘 1개 *저며놓으세요.* | 꿀 2Ts |
디종겨자 2Ts | 소금

〈샌드위치〉
쥬키니호박 ½개 *애호박도 좋아요.*
체리토마토 200g
적색 양파 ½개
크로와상 3개 *호밀빵도 좋아요.*

1. 닭가슴살에 레몬즙, 올리브유, 로즈마리, 마늘을 넣고 손으로 주물러준 다음 2시간 이상 재워두세요.

2. 소스 팬에 꿀과 디종겨자를 넣고 5분간 끓여주세요.

굽는 중간 중간 요리붓으로 소스를 발라주세요. 닭고기의 두께에 따라 시간이 달라지므로 타지 않게 조심하세요.

3. 그릴에 닭을 올리고 소금을 조금 뿌리고, 꿀 겨자 소스를 붓으로 앞뒤를 잘 발라가면서 20분 정도 황금색이 나게 구워주세요.

4. 쥬키니호박은 크로와상 길이에 맞춰서 길게 자르고 양파는 링 모양으로 잘라주세요. 체리토마토는 반으로 길게 3등분해 주세요.

5. 팬에 기름을 두르고 호박을 구워주세요. 소금과 후춧가루로 간을 해주세요.

호밀빵을 사용하셔도 아주 좋아요.

6. 크로와상을 반으로 가르고 사이에 호박, 닭가슴살, 양파, 체리토마토를 올리고 남은 꿀 겨자 소스를 뿌려 먹으면 돼요.

76 프랑스식 말이
크레페

> 미네랄이 풍부한 단풍나무 수액인 메이플과 영양 가득 달걀이 어우러진 영양 간식이에요.

아주 얇게 부쳐내는 것이 포인트인 크레페에 메이플 시럽을 곁들이면 아이들이 아주 좋아해요. 단풍나무 수액으로 만든 메이플 시럽은 설탕 섭취를 줄이는 데도 많은 도움을 준답니다. 시럽과는 다른 맛과 향, 미네랄이 듬뿍 담겨 있어요. 제철 과일과 같이 먹어도 아주 좋겠죠! 기본 크레페에 성공하면, 안에 베이컨이나 치즈 달걀 등을 넣고 다양한 크레페에 도전해 보세요.

재료 3인분

에멘탈 치즈 150g 이마트에서 살 수 있어요.
체다 치즈 50g 덩어리로 된 것이 좋아요. 없다면 고소함이 강한 것을 골라서 사용하세요.
흑맥주 100ml 기네스를 추천해요.
브랜디 2ts 과일향이 나는 것이 더 좋아요.

전분 1ts | 마늘빵 6장 | 브로콜리 200g | 사과 2개
아스파라거스 2~3대 데쳐서 잘라주세요.
당근 ½개 알맞게 잘라 준비하세요.
양송이버섯 5~6개 싱싱한 것으로 준비하세요.

흑맥주는 소스 팬에 부어 끓여주세요.

끓기 시작하면 에멘탈 치즈는 커터기를 사용해서 잘라 넣고 저어가면서 녹여주세요. 불은 약하게 줄여주세요.

처음엔 치즈가 뭉글해지다 잘 섞이면 체다 치즈도 잘 녹도록 잘게 잘라 넣고 녹여주세요. 다 녹으면 전분을 넣고 잘 저어주세요.

전분은 미리 2배의 물에 풀어 놓은 것을 넣어야 뭉치지 않고 잘 풀어져요.

브랜디를 (3)에 넣고 저은 다음 불을 꺼주세요.

퐁듀 그릇에 부은 다음 굳지 않도록 초에 불을 붙여주세요.

마늘빵, 데쳐 놓은 브로콜리, 아스파라거스, 당근, 사과는 먹기 좋게 잘라 놓고 찍어 먹으면 되요.

> 소풍이나 도시락으로 아주 좋아요. 고단백의 닭고기와 호박의 비타민이 서로 어울려 체질 개선 및 바이러스 저항력을 길러줘요.

75 황금색으로 구워낸
닭가슴살 샌드위치

성장기 아이에게는 충분한 단백질의 섭취가 중요하다고 하죠. 고기 중에서 닭 가슴살 만큼 좋은 단백질 공급원은 없는 것 같아요. 무엇보다 아이가 좋아하고 지방이 없어 살찔 걱정이 없으니까요. 꿀 겨자 소스를 발라가며 구운 닭가슴살에 야채를 넣어 만든 샌드위치는 나들이 갈 때 특히 좋은 것 같아요.

재료 3인분

〈닭요리〉
닭가슴살 3개 | 레몬 ½개 | 엑스트라버진 올리브유 |
신선한 로즈마리잎 | 마늘 1개 저며놓으세요. | 꿀 2Ts |
디종겨자 2Ts | 소금

〈샌드위치〉
쥬키니호박 ½개 애호박도 좋아요.
체리토마토 200g
적색 양파 ½개
크로와상 3개 호밀빵도 좋아요.

1. 닭가슴살에 레몬즙, 올리브유, 로즈마리, 마늘을 넣고 손으로 주물러준 다음 2시간 이상 재워두세요.

2. 소스 팬에 꿀과 디종겨자를 넣고 5분간 끓여주세요.

굽는 중간중간 요리 붓으로 소스를 발라주세요. 닭고기의 두께에 따라 시간이 달라지므로 타지 않게 조심하세요.

3. 그릴에 닭을 올리고 소금을 조금 뿌리고, 꿀 겨자 소스를 붓으로 앞뒤를 잘 발라가면서 20분 정도 황금색이 나게 구워주세요.

4. 쥬키니호박은 크로와상 길이에 맞춰서 길게 자르고 양파는 링 모양으로 잘라주세요. 체리토마토는 반으로 길게 3등분해 주세요.

5. 팬에 기름을 두르고 호박을 구워주세요. 소금과 후춧가루로 간을 해주세요.

호밀빵을 사용해도 아주 좋아요.

6. 크로와상을 반으로 가르고 사이에 호박, 닭가슴살, 양파, 체리토마토를 올리고 남은 꿀 겨자 소스를 뿌려 먹으면 돼요.

76 프랑스식 말이
크레페

> 미네랄이 풍부한 단풍나무 수액인 메이플과 영양 가득 달걀이 어우러진 영양 간식이에요.

아주 얇게 부쳐내는 것이 포인트인 크레페에 메이플 시럽을 곁들이면 아이들이 아주 좋아해요. 단풍나무 수액으로 만든 메이플 시럽은 설탕 섭취를 줄이는 데도 많은 도움을 준답니다. 시럽과는 다른 맛과 향, 미네랄이 듬뿍 담겨 있어요. 제철 과일과 같이 먹어도 아주 좋겠죠! 기본 크레페에 성공하면, 안에 베이컨이나 치즈 달걀 등을 넣고 다양한 크레페에 도전해 보세요.

재료 3인분
- 우리밀가루 150g
- 우유 250ml(1컵) 우유를 못먹는 아이라면 두유를 사용하세요.
- 달걀 작은 것 2개
- 소금 ⅓ts
- 마스코바도 설탕 1Ts 잘 녹게 분쇄기로 가루를 만들어요.
- 베이킹소다 ⅓ts
- 포도씨유 1Ts
- 버터 25g
- 메이플 시럽 유기농 메이플 시럽은 백화점이나 마트에서 구입하세요.

1 달걀과 우유를 넣고 거품기로 잘 섞어주세요.

2 (1)에 밀가루와 소금, 베이킹소다, 설탕, 포도씨유를 넣고 잘 섞어주세요. 반죽이 물처럼 흘러야 하므로 우유로 조절하세요.

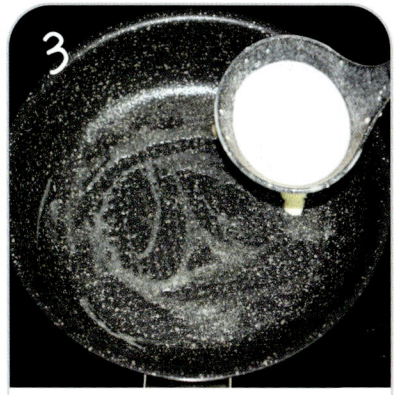

3 약한 불에서 팬에 버터를 바르고, 반죽을 부은 다음 팬을 들어 돌려가면서 얇게 만드세요(지단 부치는 식으로 하면 돼요).

4 얇게 부친 크레페는 겹쳐서 접시에 올리고 시럽을 뿌려 먹도록 해요.

cook & cook : 다양한 재료를 사용해 크레페 만들기
크레페 반죽에 설탕 대신 소금을 넣어 짭짤한 맛을 내고 안에는 체다 치즈와 기름 뺀 베이컨, 볶은 양송이버섯을 넣고 돌돌 말아 먹으면 돼요.

cook & cook : 메이플 시럽 대신 초콜릿 소스를 뿌려 먹어요!
팬에 카카오 함량 60% 초콜릿 100g, 버터 10g, 생크림 ⅓컵을 넣고 중탕해서 녹여 크레페에 뿌려주면 달콤한 크레페 완성!

cook & cook : 달콤한 오렌지 소스와 함께 먹어요!
팬에 오렌지 2개 즙낸 것과 버터 5g, 설탕 1Ts, 바닐라에센스나 바닐라 빈을 넣고 졸여 주면 완성이에요. 바닐라 빈은 처음부터 넣고 끓이고 바닐라 에센스는 나중에 넣으세요.

오트밀이 들어간 통밀 쿠키 만들기

재료 우리밀 통밀가루 80g | 오트밀 110g | 버터 60g | 소금 ½ts | 베이킹파우더 ½ts | 물 ⅔~1컵

1. 그릇에 통밀가루, 소금, 베이킹파우더, 오트밀을 넣고 잘 섞은 다음, 버터를 넣고 손으로 가루와 잘 섞이도록 비벼주세요. 그런 다음 물을 넣고 반죽을 해주세요(밀대로 밀어질 정도의 굳기가 되도록 물을 넣어가면서 조절하세요).
2. 바닥에 오트밀을 뿌리고 (1)의 반죽을 올린 다음 밀대로 밀어주세요. 두께는 3~4mm 정도가 적당합니다. 주전자 뚜껑 같은 것으로 찍어서 모양을 만들어 주세요.
3. 종이 호일을 깐 오븐용 트레이에 찍어 놓은 쿠키 반죽을 올리고 200도로 예열한 오븐에서 20분 정도 구워주세요. 바삭바삭하게 구워지면 돼요.

스폰지 케이크 만들기

재료 우리밀 백밀가루 70g | 달걀 중간 크기 3개 | 가루로 만든 마스코바도 설탕 80g | 녹인 버터 10g

1. 달걀 3개와 설탕을 다 넣고 핸드믹서로 저어 거품을 만들어주세요.
2. 만들어진 거품에 체에 친 밀가루를 넣고 깔끔이를 이용해 칼로 자르듯이 섞어주세요. 거품이 사그라지지 않게 하는 것이 중요해요.
3. (2)의 반죽을 조금 덜어 녹인 버터와 섞어 준 다음 (2)의 반죽과 섞어주세요.
4. 지름 20cm 정도의 케이크 틀에 반죽을 붓고 탁탁 쳐서 공기를 빼 준 다음, 180도로 예열된 오븐에서 25~30분 정도 구워주세요.

폴리페놀이 풍부한 초콜릿 치즈 케이크 만들기

재료 통밀 쿠키 1컵 | 버터 40g | 크림치즈 500g | 갈아 놓은 마스코바도 설탕 3/4컵 | 카카오 함량 60% 정도의 다크 초콜릿 50~60g | 달걀 작은 것 2개 | 헤이즐럿 시럽 ½컵 *없을 때는 메이플 시럽을 사용해도 돼요*

1. 곱게 부순 통밀 쿠키와 녹인 버터는 섞어서 케이크 틀에 깔아 놓으세요. 단호박 치즈 케이크처럼 오븐에서 구워도 좋아요.
2. 중탕으로 헤이즐럿 시럽에 초콜릿을 넣어 녹여 두세요.
3. 믹서에 크림치즈와 설탕을 잘 저어 둔 것과 (2), 풀어 놓은 달걀을 넣고 강하게 섞어주세요.
4. (1)에 (3)을 부어서 180~190도로 예열된 오븐 중간단에서 50분 정도 구워주세요. 그리고 충분히 식힌 다음 먹으면 돼요.